CARL JUNG
EL HOMBRE, EL ALMA Y EL INCONSCIENTE

Sus Símbolos y Arquetipos Colectivos

Cómo se entretejen los hilos del inconsciente a través de símbolos y arquetipos en la búsqueda de la autorrealización psíquica, según Carl Jung

Arquetipo y Sombra

Edición original en español:
CARL JUNG - El Hombre, El Alma y El Inconsciente: Sus Símbolos y Arquetipos Colectivos
Arquetipo y Sombra

Primera edición marzo de 2024
Derechos reservados. Ninguna parte de este libro puede ser reproducida o transmitida en cualquier forma o por ningún medio electrónico o mecánico, incluyendo fotocopiado, grabado o por cualquier almacenamiento de información o sistema de recuperación, sin permiso escrito de los autores.

Nota importante de exención de responsabilidad: Este libro es solo para propósitos educativos y de entretenimiento. El autor ha hecho todo lo posible para proporcionar información completa, precisa, actual y confiable, pero no se puede garantizar. El autor no es un experto en asesoramiento legal, financiero, médico o profesional. La información en este libro se ha recopilado de diferentes fuentes, por lo que es importante que consultes a un profesional antes de probar cualquier técnica descrita. Al leer este libro, aceptas que el autor no se hace responsable de ninguna pérdida directa o indirecta que pueda surgir por el uso de la información proporcionada, como errores o inexactitudes.

COPYRIGHT© Jaxbird LLC

Contenido

Prefacio 1

Parte I - Sobre El Hombre y Su Búsqueda Del Alma 3

   El análisis de los sueños y su aplicación práctica 5

      Los sueños como manifestación de los contenidos inconscientes 6

      La interpretación de los sueños en relación con la situación consciente 13

      El valor de los símbolos y arquetipos en los sueños 19

   Las etapas de la vida y los desafíos psicológicos.......................25

      El surgimiento de la conciencia y los problemas psicológicos...27

      Los desafíos psicológicos de la juventud............................30

      La transición hacia la segunda mitad de la vida..................36

      El propósito y significado de la etapa tardía de la vida.......39

Parte II - Sobre el Hombre y sus Símbolos Arquetípicos 46

   El simbolismo de la madre y el renacimiento en el inconsciente..48

   La lucha interna por la liberación de la influencia materna 71

   Una introducción al estudio del inconsciente......................92

   El papel de los sueños en la psique humana......................109

   Técnicas y consideraciones en el análisis de los sueños 122

   La teoría de los tipos psicológicos y su relevancia en la interpretación de los sueños...128

Parte III - El Proceso De Individuación 171

   La senda del crecimiento psicológico 172

El ánima: la personificación femenina en la psique masculina.. 190

La personificación masculina en la psique femenina 199

La dimensión social del proceso de individuación.................. 221

Epílogo 234

Prefacio

Carl Gustav Jung, a través de su innovadora labor en el ámbito de la psicología analítica, esclareció de manera profunda la significación y el papel de los arquetipos y símbolos en el desarrollo del individuo. Este documento se concibe como un recurso tanto para el autodescubrimiento como para rendir homenaje a las contribuciones de Jung, facilitando su comprensión y relevancia para el público contemporáneo. Se busca trascender la mera recapitulación de las teorías junguianas, orientándose hacia una indagación de la esencia de sus postulados. Se pone especial énfasis en cómo el reconocimiento de patrones universales puede favorecer el proceso de individuación.

Se ha hecho un esfuerzo por subrayar la relevancia de los sueños y la interpretación simbólica en el contexto terapéutico, alineándose con los enfoques de Jung. Esto propone una visión ampliada del análisis psicológico.

Por tanto, este texto invita al lector a una exploración detallada de conceptos fundamentales como la sombra, el ánima, el Sí-mismo y los arquetipos universales, reflexionando sobre su influencia en nuestra configuración personal y evolución interna.

Arquetipo y Sombra

2024

Parte I - Sobre El Hombre y Su Búsqueda Del Alma

En la presente sección, abordaremos con meticulosidad la significancia que Carl Jung asignaba a los sueños, considerándolos como pórticos hacia el inconsciente. Profundizaremos en la concepción junguiana, que postula que los sueños no meramente desentrañan las causas latentes de las neurosis, sino que igualmente proporcionan una perspectiva singular respecto a nuestra coyuntura psicológica vigente. Examinaremos la enfática postura de Jung sobre la necesidad de interpretar los sueños en correlación con nuestra situación consciente, así como el papel primordial que ocupan los símbolos y arquetipos en la decodificación de los mensajes oníricos.

Subsecuentemente, nos adentraremos en las diversas etapas del desarrollo humano, extendiéndonos desde la niñez hasta la senectud. Indagaremos en los desafíos peculiares que emergen en cada fase y la preponderancia que Jung confería a la transición hacia la segunda mitad de la existencia. Captaremos la razón por la cual Jung sostenía que este período de transición exige una reevaluación de nuestras prioridades y una reinvención del compromiso hacia el autoconocimiento, impeliéndonos a acoger con beneplácito el propósito y el sentido inherentes a la etapa avanzada de la vida.

El análisis de los sueños y su aplicación práctica

La utilidad del análisis de sueños en la psicoterapia continúa siendo objeto de debate. Muchos profesionales lo consideran esencial para tratar las neurosis, otorgando gran importancia a la actividad mental manifestada durante el sueño, incluso equiparándola a la conciencia. Otros, en cambio, cuestionan su valor, viéndolo como un mero subproducto de la mente.

Quienes creen firmemente en la influencia del inconsciente en el desarrollo de las neurosis, naturalmente ven los sueños como claras manifestaciones de este. Por el contrario, aquellos que rechazan o restan importancia al inconsciente en la formación de las neurosis, consideran el análisis de sueños poco relevante. Resulta sorprendente que, incluso después de las contribuciones de figuras como Carus, Kant, Leibniz, Janet, Flournoy y Freud, el debate sobre la existencia del inconsciente persista. Este capítulo se centra en los aspectos prácticos del tratamiento, sin defender la teoría del inconsciente. No obstante, es evidente que el análisis de sueños depende de esta teoría. Sin ella, el sueño sería un mero fenómeno natural, una mezcla aleatoria de recuerdos diurnos. Solo al reconocer el inconsciente se puede abordar seriamente el análisis de sueños, no como un pasatiempo intelectual, sino como una herramienta para descubrir contenidos mentales inconscientes vinculados causalmente con la neurosis y, por ende, relevantes para su tratamiento.

Los sueños como manifestación de los contenidos inconscientes

Según la teoría propuesta, el inconsciente desempeña un papel causal en la neurosis, y los sueños expresan directamente la actividad mental inconsciente, justificando científicamente su análisis e interpretación. Aunque los hallazgos científicos pueden ser un beneficio secundario, el principal interés terapéutico no radica en explorar la causalidad psíquica. La escuela freudiana sostiene que se logran efectos terapéuticos significativos al revelar al paciente los factores causales inconscientes, haciéndole consciente de las raíces de su problema.

Suponiendo que este enfoque se confirme, cabe preguntarse si el análisis de sueños puede revelar por sí solo las causas inconscientes de la neurosis o si necesita complementarse con otros métodos. La experiencia confirma que los sueños pueden, efectivamente, revelar de forma clara los contenidos inconscientes que son factores causales de la neurosis, especialmente aquellos relatados al inicio del tratamiento. Un ejemplo ilustrará este punto.

En sus escritos, Jung relata cómo un hombre de destacada posición le consultó por sentir ansiedad e inseguridad, junto con mareos que provocaban náuseas, dolor de cabeza y dificultad para respirar, síntomas similares al mal de montaña. Su exitosa carrera, desde sus humildes inicios como hijo de un campesino, le había llevado a un importante puesto con amplias oportunidades de progreso social. Sin embargo, su neurosis surgió justo cuando se encontraba en un punto crucial para ascender aún más. Trajo dos sueños recientes a la consulta.

En el primer sueño, se veía de vuelta en su pueblo natal, ignorando a antiguos compañeros de escuela. Uno de ellos comentaba su falta de visitas al pueblo, lo que claramente apunta a su origen modesto y cómo lo ha dejado atrás.

El segundo sueño trataba sobre la prisa por un viaje, la dificultad para reunir su equipaje y el temor a perder el tren, que finalmente desencadenaba una catástrofe. Este sueño simboliza la presión y el posible desastre ante la aceleración de su carrera, destacando la ansiedad por mantener el control y avanzar sin olvidar sus orígenes o los elementos esenciales en su vida.

Esta situación ilustrada por el sueño refleja claramente la frenética ambición del paciente por continuar ascendiendo. Al igual que un maquinista que avanza sin precaución, provocando que los vagones traseros se desestabilicen y acaben descarrilando, el paciente desarrolla una neurosis. En esta etapa de su vida, había alcanzado el pico de su carrera, y el esfuerzo de escalar desde su humilde origen había consumido sus energías. Debería haberse sentido satisfecho con lo logrado, pero la ambición lo empujaba a buscar éxitos aún mayores, para los cuales no estaba preparado. La neurosis apareció como un aviso. Las circunstancias impidieron a Jung seguir atendiéndolo y su interpretación no convenció al paciente, lo que llevó a que los eventos se desarrollaran tal como lo advertía el sueño. Persiguió las oportunidades profesionales que su ambición deseaba, desviándose de su camino hasta que el choque simbólico del tren se materializó en su vida. Los sueños, junto con su historial, sugerían que su "mal de montaña" reflejaba su incapacidad para ascender aún más, una limitación confirmada por sus sueños, que retrataban esta incapacidad como un hecho consumado.

Este caso muestra una faceta esencial de los sueños: ofrecen una representación auténtica del estado subjetivo del individuo, incluso cuando la mente consciente lo niega o lo acepta a regañadientes. El paciente no veía razón para no avanzar, continuaba su lucha por el progreso, negándose a admitir que había alcanzado sus límites, una realidad que los eventos posteriores demostraron de manera contundente. Frente a las justificaciones de la mente consciente, siempre surgen dudas. Se podrían obtener conclusiones opuestas del historial del paciente, ya que, después de todo, muchos han ascendido desde orígenes modestos a grandes éxitos. ¿Por qué no podría ser el caso de este paciente? Dado que el juicio puede equivocarse, ¿por qué deberían ser las suposiciones más confiables que las del paciente? Aquí es donde el sueño, como expresión de un proceso psicológico involuntario que la conciencia no modifica, juega un papel crucial. Revela el estado subjetivo tal como es, sin tener en cuenta hipótesis o expectativas sobre cómo deberían ser las cosas. Por eso, los sueños son tratados con la misma consideración que los hechos fisiológicos. Si la orina contiene azúcar, es un hecho, independientemente de lo que se esperaba encontrar. Esto significa que los sueños son valorados como datos de incalculable valor diagnóstico.

Los sueños brindan más información de la solicitada, como lo demuestran los ejemplos mencionados. No solo ayudan a entender las causas de una neurosis, sino que también ofrecen un pronóstico y señalan cuándo debería empezar el tratamiento. Es necesario evitar que el paciente siga adelante sin medida, tal como él mismo se advierte en el sueño.

Por ahora, esta observación es suficiente, retomando la cuestión de si los sueños pueden explicar las causas de una neurosis. Los dos sueños mencionados son claros ejemplos de ello. Sin embargo, hay numerosos sueños iniciales que, aunque sean transparentes, no contribuyen de la misma manera, y es preferible no abordar ahora aquellos sueños que requieren un análisis e interpretación detallados.

Es un hecho que algunas neurosis solo revelan sus orígenes reales al finalizar un análisis exhaustivo, y hay situaciones en las que conocer el origen de la neurosis no conlleva una mejora. Esto lleva a reconsiderar la perspectiva freudiana, previamente mencionada, sobre la importancia de que el paciente se concientice de los factores causales de su trastorno, una idea que parece ser un remanente de la teoría del trauma. Si bien no se niega que muchas neurosis surjan de traumas, se cuestiona la generalización de que todas las neurosis derivan invariablemente de experiencias cruciales de la infancia. Esta visión promueve un enfoque causalista que enfoca excesivamente en el pasado del paciente, preguntando "¿Por qué?" mientras ignora la pregunta "¿Para qué?". Este enfoque puede ser contraproducente, ya que puede llevar al paciente a buscar incansablemente, quizás durante años, algún evento hipotético de su infancia, descuidando aspectos de inmediata relevancia. Limitarse a una perspectiva puramente causalista no hace justicia al verdadero significado de los sueños o de las neurosis. Es sesgado utilizar los sueños únicamente para hallar la causa oculta de una neurosis, dejando de lado la mayor parte de su aporte real.

Los sueños citados antes muestran claramente los factores etiológicos de la neurosis, pero también proporcionan un pronóstico y sugieren un curso para el tratamiento. Además, muchos sueños no tratan sobre las causas de la neurosis, sino sobre temas distintos, como la relación del paciente con el terapeuta. Para ilustrar esto, Jung relata tres sueños de una misma paciente, quien consultó a tres analistas diferentes, teniendo un sueño al inicio de cada tratamiento.

El primer sueño expresaba la dificultad de cruzar una frontera, simbolizando el tratamiento infructuoso y breve que siguió. El segundo sueño, también sobre cruzar una frontera en la oscuridad, reflejaba la confusión de la paciente y su identificación inconsciente con el analista, llevando a interrumpir el tratamiento. El tercer sueño, ocurrido al comenzar su tratamiento con Jung, mostraba la paciente cruzando una frontera y siendo sorprendida por el hallazgo inesperado de dos colchones en su bolso, anticipando las dificultades y la resistencia al matrimonio que enfrentaría durante el trabajo juntos. Estos sueños no aludían a la causa de su neurosis, sino que anticipaban los retos en su interacción con los terapeutas.

Estos ejemplos demuestran que los sueños pueden ser anticipatorios, y su significado se pierde si solo se les considera desde una perspectiva causalista. Es crucial para el éxito terapéutico entender correctamente estos sueños anticipatorios. Los sueños iniciales suelen ser transparentes y claros, pero a medida que avanza el análisis, se vuelven menos comprensibles. Si los sueños mantienen su claridad, es probable que el análisis aún no haya abordado aspectos importantes de la personalidad. Generalmente, se dificulta su interpretación poco después de iniciar el tratamiento, lo cual indica que el terapeuta quizás no comprenda completamente la situación. Los sueños incomprensibles reflejan la limitación del entendimiento del terapeuta, no la naturaleza de los sueños en sí. Con el tiempo, incluso estos sueños "confusos" pueden revelar su significado, iluminando la anterior ceguera. Es esencial que el terapeuta reconozca ocasionalmente sus limitaciones en la comprensión, ya que pretender entender siempre al paciente puede ser perjudicial para el proceso terapéutico, fomentando una transferencia problemática y retrasando la recuperación.

La comprensión es un proceso subjetivo que, a menudo, resulta ser unilateral, especialmente cuando el médico entiende algo que el paciente no. En ocasiones, el médico se siente obligado a convencer al paciente, y si no lo logra, puede interpretarlo como resistencia por parte de este último. En situaciones donde la comprensión es exclusiva del médico, es prudente destacar la falta de comprensión. La clave no está en si el médico comprende o no, sino en asegurar que el paciente lo haga. Lo esencial es lograr un entendimiento mutuo a través del diálogo. Resulta peligroso y unilateral que el médico imponga interpretaciones basadas en doctrinas específicas sin alcanzar el acuerdo del paciente. Si la interpretación no es aceptada por el paciente, no solo falla en términos prácticos sino que también puede inhibir el desarrollo del paciente. La verdadera transformación ocurre no cuando se impone una verdad, sino cuando el paciente evoluciona hacia ella a través de su propio crecimiento.

Cuando la interpretación del médico se fundamenta en una teoría unilateral o preconcebida, su eficacia para convencer al paciente o lograr resultados terapéuticos se basa en gran medida en la sugestión. La sugestión no debe subestimarse, pero tiene limitaciones significativas y puede afectar negativamente la autonomía del paciente. Un analista comprometido con el enriquecimiento de la conciencia del paciente buscará iluminar aspectos previamente inconscientes de la personalidad para su examen y evaluación crítica, un desafío al sentido ético que exige una respuesta integral de la personalidad. En contraste, los métodos basados en la sugestión operan más como un artificio que no exige un compromiso ético, siendo incompatibles con los principios de la terapia analítica.

Para evitar la sugestión consciente, el analista debe descartar cualquier interpretación de los sueños que no cuente con la aprobación del paciente, buscando formulaciones que sí la obtengan. Este enfoque es crucial, especialmente con sueños difíciles de comprender para ambos, médico y paciente. Cada sueño debe ser visto como un nuevo comienzo, una oportunidad para aprender sobre aspectos desconocidos que requieren un abordaje libre de prejuicios teóricos.

La visión reduccionista de los sueños como meras manifestaciones de deseos reprimidos es insuficiente. Los sueños pueden expresar una amplia gama de contenidos, desde verdades fundamentales hasta visiones telepáticas. Dado que una gran parte de la vida se desarrolla en un estado de conciencia alterado, el sueño, como expresión del inconsciente, puede contener tanto o más riqueza que la vida consciente. Por lo tanto, es crucial no limitar la interpretación de los sueños a una única doctrina.

Es importante recordar que los pacientes pueden adoptar la jerga del analista, incluso en sus sueños, lo cual puede llevar a interpretaciones erróneas. El analista debe ser cauteloso y no dejarse llevar por teorías propias al analizar los sueños, aunque cierto marco teórico es necesario para la interpretación. Las hipótesis sobre los sueños son meramente reglas empíricas sujetas a constante revisión. En el análisis de sueños, es necesario estar preparado para la incertidumbre y recordar que el objetivo es explorar, más que comprender en un sentido absoluto.

Al enfrentarse a un sueño enigmático, el primer paso no debe ser su interpretación inmediata, sino la cuidadosa contextualización de su contenido. Lo que se sugiere no es una exploración indiscriminada mediante "asociaciones libres" de cada elemento del sueño, sino más bien una iluminación detenida y consciente de aquellas cadenas de asociaciones directamente vinculadas a imágenes específicas del sueño. Frecuentemente, es necesario instruir a los pacientes en este proceso, ya que, al igual que el analista, muestran un ansia por descifrar e interpretar precipitadamente el sueño. Esto es particularmente cierto para aquellos que, por lecturas previas o análisis fallidos, han sido instruidos incorrectamente. Intentan interpretar el sueño basándose en teorías preconcebidas, lo cual usualmente los lleva a un callejón sin salida. Al igual que el analista, buscan descubrir lo que se oculta tras el sueño, creyendo erróneamente que este no es más que una superficie que esconde su verdadero significado. Sin embargo, es crucial entender que, aunque el sueño pueda considerarse una "fachada", esta no nos engaña; al contrario, suele reflejar la estructura subyacente del pensamiento o del inconsciente. Así, la imagen "manifiesta" del sueño y su significado "latente" están intrínsecamente conectados. Como cuando se encuentra azúcar en la orina, se entiende que es azúcar y no una máscara para otra sustancia. Freud, al hablar de los sueños como "fachadas", realmente alude a su naturaleza enigmática, proyectando su propia confusión. En vez de considerar al sueño como una fachada, se debería verlo como un texto que no se sabe leer, no porque oculte algo, sino por la falta de habilidad para interpretarlo.

La interpretación de los sueños en relación con la situación consciente

Para descifrar los sueños, es esencial establecer su contexto, evitando depender exclusivamente de las asociaciones libres, que, aunque útiles para revelar complejos personales, no son efectivas para entender el significado de un sueño específico. Es vital mantenerse lo más cerca posible de las imágenes oníricas mismas. Por ejemplo, si alguien sueña con una "mesa de negocios", asociarla erróneamente con un escritorio común no aporta claridad. Es en la precisión de las imágenes donde a menudo se encuentra la clave para desentrañar el significado del sueño.

La interpretación de un sueño es siempre hipotética, un esfuerzo por comprender un mensaje oculto. Los sueños individuales rara vez ofrecen una interpretación definitiva, pero una serie de sueños puede proporcionar una mayor seguridad en el análisis, corrigiendo errores y revelando temas recurrentes. Es por esto que Jung animaba a sus pacientes a llevar un registro de sus sueños y las interpretaciones asociadas, facilitando así un diálogo más profundo con el inconsciente.

Los sueños no solo arrojan luz sobre las causas de las neurosis; su análisis puede ser, en ocasiones, una cuestión de supervivencia. Jung recuerda especialmente el caso de un colega que desestimaba la interpretación de los sueños hasta que un sueño premonitorio reveló un peligro inminente en su pasión por el alpinismo. A pesar de las advertencias, su trágico destino se cumplió, demostrando así el profundo impacto que los sueños pueden tener en la vida consciente.

Jung nunca pudo adoptar una postura escéptica o críticamente reservada ante los sueños, considerándolos meros sucesos sin importancia. Aunque a menudo parecen no tener sentido, la realidad es que falta la capacidad y la agudeza para descifrar el misterioso mensaje que envía el reino nocturno de la psique. Es evidente que, dado que casi la mitad de la existencia humana se desenvuelve en este ámbito, donde la conciencia echa sus raíces y el inconsciente influye tanto en la vigilia como en el sueño, la psicología médica debería afinar su enfoque y dedicarse al estudio sistemático de los sueños. La relevancia de la experiencia consciente es indiscutible; así, ¿por qué debatir sobre la importancia de los procesos inconscientes? Estos también forman parte integral de la vida, influyendo en ella, para bien o para mal, a veces más que los eventos diurnos.

Los sueños ofrecen una ventana a los secretos más recónditos del ser, revelando aspectos ocultos de la personalidad que, de permanecer ignorados, pueden perturbar la existencia diurna, manifestándose solo a través de síntomas. Esto implica que no es posible tratar a un paciente efectivamente solo desde la perspectiva de la conciencia; es necesario inducir un cambio desde y a través del inconsciente. Según el entendimiento actual, esto solo se logra mediante la asimilación consciente y completa de los contenidos inconscientes. Con "asimilación", se refiere a la integración recíproca de los contenidos conscientes e inconscientes, y no, como muchos piensan erróneamente, a la interpretación o deformación unilateral de los contenidos inconscientes por parte de la mente consciente. En cuanto al valor y significado general de los contenidos inconscientes, existen muchas concepciones equivocadas. Es sabido que la escuela freudiana ha presentado el inconsciente de manera desfavorable, al igual que ha menospreciado al ser humano primitivo. Sus relatos sobre figuras tribales autoritarias y su visión del inconsciente como algo "infantil, perverso y criminal" han llevado a la gente a temer al inconsciente como si fuera un monstruo, ignorando que muchos aspectos positivos, racionales, bellos y dignos de la vida residen en la conciencia. Los horrores de la Gran Guerra han abierto los ojos a esta realidad. ¿Es posible seguir sin reconocer que la mente consciente puede ser tan o más diabólica y perversa que el inconsciente?

Recientemente, Jung fue criticado por su propuesta de integrar el inconsciente, sugiriendo que socavaría la cultura y exaltaría el primitivismo sobre los valores más elevados. Tal crítica solo puede basarse en la creencia errónea de que el inconsciente es un monstruo, una perspectiva nacida del temor a la naturaleza y a la vida en su estado más puro. Freud introdujo el concepto de sublimación como un medio para proteger al individuo de lo que él consideraba las amenazas del inconsciente. Sin embargo, lo que realmente existe no puede ser simplemente sublimado; si algo parece haber sido sublimado, entonces nunca fue lo que una interpretación errónea consideró que era.

El inconsciente no es una entidad demoniaca, sino parte de la naturaleza, completamente neutral desde un punto de vista moral, estético e intelectual. Solo se convierte en una amenaza cuando la actitud consciente hacia él es errónea. Y este peligro aumenta con las represiones. Sin embargo, tan pronto como se empiezan a integrar los contenidos anteriormente inconscientes, el riesgo disminuye. A medida que el proceso de integración avanza, se resuelve la disociación de la personalidad y la ansiedad que esta separación genera. Lo que los críticos temen, la invasión de la conciencia por el inconsciente, es más probable que ocurra cuando se excluye al inconsciente de la vida a través de la represión o cuando se le malinterpreta y devalúa.

Un error común es asumir que los contenidos del inconsciente son unívocos y permanentes. Desde el punto de vista de Jung, esta percepción es demasiado simplista. La psique funciona como un sistema autorregulado que mantiene su equilibrio, al igual que el cuerpo. Cualquier proceso que se exceda provoca inmediatamente una reacción compensatoria. Sin estos ajustes, ni el metabolismo ni la psique podrían funcionar normalmente. La idea de compensación, vista de esta manera, se puede considerar una ley del funcionamiento psíquico. Un exceso en un área resulta en un déficit en otra. La relación entre el consciente y el inconsciente es de naturaleza compensatoria, un hecho que se puede verificar fácilmente y que ofrece una base para la interpretación de los sueños. Es útil preguntarse, al interpretar un sueño, ¿qué actitud consciente está siendo compensada?

Aunque la compensación a veces puede manifestarse como la realización de un deseo imaginario, generalmente se presenta como una realidad que se vuelve más palpable cuanto más se intenta reprimirla. Se sabe que la sed no se aplaca ignorándola. Se debe tomar el contenido de los sueños tan en serio como si fueran eventos reales, considerándolos factores que configuran la perspectiva consciente. Si no se hace, se mantendrá la misma actitud unilateral que provocó la compensación inconsciente. Sin este enfoque, las posibilidades de autoevaluarse correctamente o de encontrar un equilibrio en la vida son escasas.

Si alguien intentara sustituir su percepción consciente por las directrices del inconsciente, tal como los críticos temen, simplemente reprimiría la conciencia, la cual resurgiría como una compensación inconsciente. De esta forma, el inconsciente cambiaría completamente su rol, mostrándose sorprendentemente razonable en contraste con su naturaleza previa. Aunque no se suele pensar que el inconsciente funcione de esta manera, tales inversiones son habituales y cumplen con su propósito esencial. Por lo tanto, cada sueño es una fuente de conocimiento y un mecanismo de autorregulación, convirtiéndose en un recurso invaluable en la construcción de la personalidad.

El inconsciente no contiene elementos inherentemente explosivos; sin embargo, puede tornarse peligroso a causa de las represiones impuestas por una actitud consciente autosuficiente o temerosa. Esto subraya la importancia de prestarle atención. Debería estar claro por qué siempre se pregunta, antes de intentar interpretar un sueño: ¿Qué actitud consciente está siendo compensada? De esta manera, se establece una relación estrecha entre el sueño y el estado consciente del individuo. Incluso se afirma que es imposible interpretar un sueño con certeza si se desconoce la situación consciente, ya que solo bajo esta luz se puede determinar si el contenido inconsciente tiene una connotación positiva o negativa. El sueño no es un evento psíquico aislado de la realidad diurna; si lo parece, es solo por la falta de comprensión. En realidad, existe una relación causal e interacción sutil entre la conciencia y el sueño.

Para ilustrar la importancia de valorar adecuadamente los contenidos inconscientes, Jung relata el siguiente caso: un joven le compartió un sueño en el que su padre, completamente ebrio, conducía su coche de manera imprudente, causando un accidente. Este comportamiento era totalmente ajeno a su padre, según el joven, quien se consideraba un conductor prudente y moderado en el consumo de alcohol. La relación entre el hijo y su padre era buena, admirando al padre por su éxito. Sin intentar interpretarlo, el sueño claramente mostraba al padre de manera negativa. ¿Qué significa esto para el hijo? ¿Es su buena relación con el padre solo superficial, o hay resistencias compensadas? Si así fuera, el sueño tendría un significado positivo, mostrando la verdadera naturaleza de su relación. Sin embargo, al no encontrar indicios de una relación problemática, Jung no procedió a perturbar al joven con una interpretación tan destructiva.

Entonces, ¿por qué el sueño crea una narrativa tan improbable para desacreditar al padre? Esto indica una tendencia en el inconsciente del joven a producir tal sueño. ¿Existen, tal vez, resistencias hacia su padre alimentadas por celos o un sentimiento de inferioridad? Antes de abordar estas preguntas, que podrían afectar negativamente al joven, Jung optó por preguntar: ¿Para qué sirve este sueño? La respuesta sugiere que el inconsciente busca menospreciar al padre, indicando que la relación con este es demasiado buena, llevando al joven a vivir una "vida provisional" dominada por la figura paterna. Este acto, aunque pueda parecer inmoral, es una compensación adecuada, forzando al hijo a diferenciarse de su padre y, así, a encontrar su propia identidad.

La interpretación esbozada resultó ser acertada, resonando de manera espontánea con el joven sin dañar sus sentimientos hacia su padre o viceversa. Sin embargo, esta interpretación solo fue posible tras un análisis exhaustivo de la relación padre-hijo con base en todos los hechos conscientemente disponibles. Sin este conocimiento de la situación consciente, el verdadero significado del sueño habría quedado en duda.

Es crucial para la integración de los contenidos oníricos no transgredir los valores auténticos de la personalidad consciente. Si se destruye o daña la personalidad consciente, no queda nadie para realizar la integración. Reconocer la importancia del inconsciente no implica un experimento radical que altere el orden establecido, ya que esto solo conduciría a revertir la situación que se intenta corregir. Es esencial mantener la integridad de la personalidad consciente, permitiendo aprovechar las compensaciones inconscientes a través de la cooperación de la conciencia. La asimilación de un contenido no se trata de elegir entre "esto o aquello", sino de unir "esto y aquello".

Así como la interpretación de sueños necesita una comprensión precisa del estado consciente actual, el manejo del simbolismo onírico exige considerar las convicciones filosóficas, religiosas y morales del soñador. Es práctico no ver los símbolos oníricos meramente como signos fijos o síntomas, sino como verdaderos símbolos, es decir, expresiones de aspectos aún no reconocidos conscientemente. Además, su análisis debe hacerse en relación con el estado consciente inmediato del soñador. Esta aproximación es aconsejable porque, aunque teóricamente existen símbolos con significados relativamente fijos, estos no deben asociarse exclusivamente a contenidos ya conocidos o conceptualmente definidos. La existencia de símbolos fijos es esencial para comprender la estructura del inconsciente, permitiendo describir aspectos de este que de otro modo serían inaccesibles.

El valor de los símbolos y arquetipos en los sueños

Puede resultar extraño atribuir un contenido indefinido a símbolos relativamente fijos. Sin embargo, es precisamente este contenido indefinido lo que distingue a un símbolo de un simple signo. A diferencia de la escuela freudiana, que utiliza "símbolos" sexuales fijos como signos definitivos de sexualidad, Jung prefiere ver el símbolo como la representación de algo desconocido, complejo y no totalmente determinable. Considérense los símbolos fálicos, que no solo representan el órgano sexual masculino sino que simbolizan poder creativo, fertilidad y potencia, entre otros significados. Estos símbolos, entendidos en contextos primitivos y mitológicos, abarcan un contenido arquetípico que va más allá de la mera sexualidad, expresando el concepto de mana o una fuerza vital potente.

En la práctica, puede ser necesario interpretar los símbolos de manera diferente. Aunque una interpretación exhaustiva y científica podría requerir relacionar cada símbolo con un arquetipo, en el contexto terapéutico, tal enfoque podría ser contraproducente. Es preferible buscar el significado de los símbolos en relación con la situación consciente actual del soñador, tratándolos como si no tuvieran un significado fijo. Esto implica dejar de lado preconcepciones y esforzarse por descubrir lo que los símbolos significan para el paciente. Tal enfoque, aunque puede no satisfacer una teoría de sueños completa, evita caer en la rutina y el dogmatismo, respondiendo mejor a las necesidades del paciente. Jung ha discutido estos temas con mayor detalle en otras publicaciones, donde ha aportado material que respalda estas afirmaciones.

Es común que, justo al iniciar un tratamiento, un sueño ofrezca al terapeuta una visión general sobre la dirección que está tomando el inconsciente del paciente. Sin embargo, por motivos prácticos, no siempre es posible explicar al paciente el significado profundo de su sueño en estas etapas iniciales. Las necesidades terapéuticas a menudo limitan al terapeuta de esta manera. La capacidad del terapeuta para entender profundamente estos sueños se basa en su experiencia con símbolos que tienen un significado más o menos estable. Este entendimiento puede ser crucial tanto para diagnosticar como para pronosticar el desarrollo del paciente. En una ocasión, consultaron a Jung sobre una joven de diecisiete años . Un especialista sugirió que podría estar comenzando a desarrollar atrofia muscular progresiva, mientras otro consideraba que sus síntomas eran histéricos. Jung fue llamado debido a esta última opinión. Aunque el cuadro clínico sugería una enfermedad orgánica, la joven también mostraba signos de histeria. Al indagar sobre sus sueños, ella compartió: "Sí, tengo sueños horribles. Recientemente soñé que regresaba a casa de noche. Todo estaba en silencio, como la muerte. La puerta del salón estaba entreabierta, y veía a mi madre colgando de la lámpara de araña, meciéndose por el viento frío que entraba por las ventanas abiertas. En otro sueño, escuché un ruido espantoso en casa durante la noche. Al investigar, vi que un caballo asustado corría por las habitaciones hasta que finalmente saltaba por la ventana del cuarto piso hacia la calle. Me horrorizó verlo abajo, completamente destrozado".

La manera en que estos sueños evocan la muerte debería hacer reflexionar. Sin embargo, es común tener sueños de ansiedad de vez en cuando. Por ello, es necesario analizar con más detalle el significado de los símbolos destacados, "madre" y "caballo". Ambos parecen ser equivalentes, ya que ambos se suicidan. El símbolo de la madre es arquetípico y se relaciona con un origen, con la naturaleza, con lo que se crea de manera pasiva, es decir, con la sustancia y la materia, el cuerpo inferior (el vientre) y las funciones vegetativas. También simboliza la vida inconsciente, natural e instintiva, el ámbito fisiológico, el cuerpo en el que se vive o se está contenido, ya que la "madre" es también un recipiente, la forma hueca (el útero) que lleva y nutre, y representa así los cimientos de la conciencia. Estar dentro de algo sugiere oscuridad, lo nocturno, un estado de ansiedad. Se presenta el concepto de la madre en varias de sus transformaciones mitológicas y etimológicas, además de ofrecer una parte importante del concepto yin de la filosofía china. Este contenido onírico no es algo que la joven de diecisiete años haya aprendido por sí misma; más bien, es un legado del pasado. Se ha mantenido vivo a través del lenguaje y se hereda con la estructura de la psique, estando presente en todas las épocas y culturas.

La palabra "madre" podría referirse a la madre en un sentido familiar: "mi madre". Pero el símbolo de la madre sugiere un significado más profundo y oscuro que no se puede definir conceptualmente y solo se puede intuir como la vida oculta, vinculada a la naturaleza del cuerpo. Pero incluso esta descripción es limitada y omite muchos significados secundarios relevantes. La complejidad de la realidad psíquica que subyace a este símbolo es tan grande que solo se puede vislumbrar de lejos y de manera muy vaga. Son estas realidades las que requieren una expresión simbólica.

Al aplicar estas conclusiones al sueño, su mensaje es que la vida inconsciente se autodestruye. Ese es el aviso del sueño para la mente consciente del soñador y para todos aquellos dispuestos a escuchar.

El "caballo" es un arquetipo que ocupa un lugar destacado en la mitología y el folclore. Representa la psique no humana, el aspecto subhumano, animal y, por ende, el inconsciente. Es por esto que, en las tradiciones populares, el caballo a veces tiene visiones, escucha voces y habla. Como bestia de carga, se asocia estrechamente con el arquetipo de la madre; las valquirias transportan al héroe muerto al Valhalla, y el caballo de Troya encierra a los guerreros griegos. Al ser una criatura más baja que el hombre, simboliza la parte inferior del cuerpo y los impulsos animales que surgen de ella. El caballo representa una fuerza dinámica y un medio de transporte; es arrastrado como una oleada de instinto. Está sujeto al pánico, como todas las criaturas instintivas que carecen de una conciencia superior. También está relacionado con la brujería y los hechizos mágicos, especialmente el caballo negro y nocturno que presagia la muerte.

Por lo tanto, el "caballo" es equivalente a "madre" con un ligero cambio de significado. La madre simboliza la vida en su origen, y el caballo, la vida meramente animal del cuerpo. Al aplicar este significado al sueño, este comunica que la vida animal se autodestruye.

Ambos sueños comunican casi el mismo mensaje, pero el segundo lo hace de manera más específica. La sutileza particular de los sueños se manifiesta en ambos casos: no se menciona la muerte del individuo. Aunque es común soñar con la propia muerte, esto no se considera grave. Cuando realmente se trata de la muerte, el sueño utiliza otro lenguaje. Así, ambos sueños apuntan a una grave enfermedad orgánica, incluso mortal, una predicción que se confirmó poco después.

En cuanto a los símbolos relativamente estables, este caso ofrece una buena muestra de su naturaleza general. Existen muchos, y pueden variar en casos individuales debido a sutiles diferencias de significado. Solo a través de estudios comparativos de mitología, folclore, religión y lenguaje se pueden determinar estos símbolos de manera científica. Las etapas evolutivas de la psique humana se perciben más claramente en el sueño que en la conciencia. El sueño se comunica mediante imágenes y da expresión a los instintos, que provienen de los niveles más primitivos de la naturaleza. La conciencia tiende a alejarse demasiado fácilmente de la ley natural, pero puede reajustarse a ella mediante la asimilación de los contenidos inconscientes. Al fomentar este proceso, se guía al paciente hacia el redescubrimiento de la ley de su propio ser.

En este breve espacio, solo se han podido abordar los aspectos fundamentales del tema. No se ha logrado construir detalle a detalle la estructura que se erige en cada análisis a partir de los elementos del inconsciente, culminando en la restauración de la personalidad completa. El proceso de integraciones sucesivas trasciende los beneficios curativos de interés médico específico. Finalmente, lleva hacia ese horizonte distante (quizás el impulso original hacia la vida), la realización plena del ser humano, o sea, la individuación. Los médicos son de hecho los primeros en observar científicamente estos procesos naturales tan esquivos. Generalmente, solo presencian una etapa patológica del desarrollo y pierden de vista al paciente una vez se recupera. Pero es precisamente tras la recuperación cuando se puede estudiar el proceso normal de cambio, que puede extenderse por años o décadas. Si se entienden los objetivos a los que aspira el crecimiento psíquico inconsciente y si la comprensión psicológica no se derivase únicamente de la fase patológica, se tendría una visión más clara de los procesos revelados por los sueños y una mayor apreciación de lo que los símbolos intentan comunicar. Cada médico debería ser consciente de que la psicoterapia, y el análisis en particular, interviene en un proceso de desarrollo intencionado y continuo, afectándolo aquí y allá, y destacando fases específicas que podrían parecer contradictorias entre sí. Dado que cada análisis por sí solo solo revela una parte o una faceta del curso más profundo del desarrollo, cualquier intento de comparación solo puede llevar a una confusión irremediable. Por esta razón, se ha optado por centrarse en los principios básicos y en las consideraciones prácticas. Solo manteniendo un contacto directo con los hechos, tal como se presentan, se puede esperar alcanzar algún tipo de entendimiento satisfactorio.

Las etapas de la vida y los desafíos psicológicos

Abordar los desafíos vinculados a las etapas del desarrollo humano es una tarea compleja, pues implica trazar un panorama de la vida psicológica desde el nacimiento hasta la muerte. En este ensayo, se abordará el tema de manera general, centrándose en aspectos difíciles, cuestionables o ambiguos que admiten múltiples interpretaciones y respuestas sujetas a la duda. Habrá cuestiones sobre las cuales se deberá reflexionar con incertidumbre, aceptando premisas sin pruebas concluyentes y permitiendo especulaciones.

La vida psíquica del ser humano civilizado está plagada de desafíos, apenas conceptualizables si no es en términos de problemas. Los procesos mentales se componen en gran medida de reflexiones, dudas y experimentos, aspectos ajenos a la mente inconsciente e instintiva del ser humano primitivo. El crecimiento de la conciencia da origen a los problemas, un ambiguo regalo de la civilización. El distanciamiento del instinto, arraigado en la naturaleza y su perpetuación, da lugar a la conciencia orientada hacia la cultura o su negación. Cuando se intenta retornar a la naturaleza, se sigue "cultivando" la naturaleza. En la inmersión en la naturaleza, se es inconsciente y seguro bajo el amparo del instinto, que desconoce los problemas. Cualquier aspecto de la naturaleza que persista se ve desafiado por un problema, sinónimo de duda, incertidumbre y posibilidad de múltiples caminos. Cuando se presentan varias opciones, se abandona la seguridad del instinto y surge el miedo. La conciencia debe tomar decisiones que la naturaleza siempre ha tomado en nombre de sus hijos, decisiones antes seguras, incuestionables e inequívocas. Surge así un miedo profundamente humano, el temor a que la conciencia, logro prometeico, no sea capaz de suplantar a la naturaleza cuando sea necesario.

Los problemas sumergen al individuo en un estado de orfandad y aislamiento, donde la naturaleza abandona y entrega a la conciencia. No hay otra opción; se debe recurrir a decisiones y soluciones donde antes se confiaba en los acontecimientos naturales. Cada problema lleva consigo la posibilidad de una expansión de la conciencia, pero también la necesidad de despedirse de la inconsciencia infantil y de la confianza en la naturaleza. Esta necesidad es un hecho psicológico trascendente, una de las enseñanzas simbólicas fundamentales del cristianismo. Es el sacrificio del ser humano meramente natural, del ser inconsciente e ingenuo cuya tragedia comenzó con la mordida a la manzana en el Paraíso. La caída del hombre según la Biblia presenta el despertar de la conciencia como una maldición. Bajo esta perspectiva se contempla cada problema que empuja hacia una mayor conciencia, separando aún más del paraíso de la inconsciencia infantil. Todos preferirían alejarse de los problemas; si es posible, ignorarlos por completo o negar su existencia. Se anhela una vida sencilla, segura y libre de sobresaltos, por lo que los problemas son vistos como tabú. Se prefiere la certeza a la duda, los resultados a los experimentos, sin reconocer que la certeza solo puede surgir de la duda y los resultados de los experimentos. La negación obstinada de un problema no brindará convicción; se requiere una conciencia más amplia y elevada para ofrecer la certeza y la claridad buscadas.

Esta introducción es necesaria para aclarar la naturaleza del tema. Al enfrentarse a problemas, instintivamente se resiste a transitar el camino que conduce a través de la oscuridad y la incertidumbre. Solo se quieren conocer resultados inequívocos, olvidando que dichos resultados solo pueden obtenerse cuando se aventura en la oscuridad y se emerge de ella. Pero para adentrarse en la oscuridad, se debe recurrir a todos los recursos de iluminación que la conciencia puede ofrecer; incluso se debe permitir especular. Al abordar los problemas de la vida psíquica, se enfrentan constantemente cuestiones fundamentales que pertenecen a diversos campos del conocimiento. Se incomodan y molestan tanto al teólogo como al filósofo, al médico como al educador; se exploran territorios que competen al biólogo y al historiador. Este comportamiento no se debe a la arrogancia, sino a la realidad de que la psique humana es una amalgama única de elementos que también son objeto de investigación en diversas disciplinas. Las ciencias que el ser humano ha desarrollado surgen de su propia naturaleza y de su peculiar constitución; son manifestaciones de su psique.

Al plantearse la pregunta inevitable: "¿Por qué el hombre, en marcado contraste con el mundo animal, experimenta problemas?", se adentra en el intrincado laberinto de ideas que numerosas mentes agudas han explorado a lo largo de los siglos. No se pretende abordar exhaustivamente esta obra maestra de la confusión, sino ofrecer una contribución sencilla a los esfuerzos del ser humano por responder a esta pregunta fundamental.

El surgimiento de la conciencia y los problemas psicológicos

Los problemas surgen de la conciencia. Por lo tanto, se debe reformular la pregunta: ¿Cómo surge la conciencia? Nadie puede responder con certeza; sin embargo, se puede observar a los niños pequeños mientras adquieren conciencia. Todos los padres pueden presenciar este proceso si están atentos. Lo que se puede observar es que cuando un niño reconoce a alguien o algo, cuando "conoce" a una persona o a una cosa, se percibe que el niño está consciente. Por ello, sin duda, en el Paraíso fue el árbol del conocimiento el que produjo frutos tan fatídicos.

Pero, ¿qué significa realmente el reconocimiento o el conocimiento en este contexto? Se habla de "conocer" algo cuando se logra relacionar una nueva percepción con un contexto ya establecido, de manera que no solo se retiene la nueva percepción en la conciencia, sino también este contexto. El "conocimiento" se basa, por lo tanto, en una conexión consciente entre contenidos psíquicos. No se puede tener conocimiento de contenidos desconectados, ni siquiera se puede ser consciente de ellos. Así, el primer nivel de conciencia que se puede observar implica simplemente una conexión entre dos o más contenidos psíquicos. En este nivel, la conciencia es esporádica y limitada, solo representando unas pocas conexiones que no se recuerdan posteriormente. Es un hecho que en los primeros años de vida no hay una memoria continua; en su lugar, hay breves momentos de conciencia, como luces dispersas en la lejanía de la oscuridad. Sin embargo, estas islas de memoria no son lo mismo que las conexiones iniciales entre contenidos psíquicos; contienen algo más, algo nuevo. Este algo más es esa serie crucial de contenidos relacionados que constituye el llamado ego. El yo, al igual que la serie inicial de contenidos, es un objeto en la conciencia, y por eso el niño habla de sí mismo inicialmente de manera objetiva, en tercera persona. Solo más tarde, cuando los contenidos del ego adquieren una energía propia (probablemente como resultado del ejercicio), surge el sentimiento de subjetividad o "yo". Este es el momento en que el niño comienza a referirse a sí mismo en primera persona. Es en este punto donde comienza la continuidad de la memoria. En esencia, se trata de una continuidad en los recuerdos del yo.

En el estadio infantil de la conciencia, todavía no surgen problemas; nada depende del sujeto, ya que el niño sigue dependiendo por completo de sus padres. Es como si aún no hubiera nacido del todo, sino que estuviera envuelto en la atmósfera psíquica de sus padres. El nacimiento psíquico, y con él la distinción consciente entre el yo y los padres, ocurre de manera natural durante la pubertad, con la emergencia de la vida sexual. El cambio fisiológico va acompañado de una revolución psíquica. Las diversas manifestaciones corporales resaltan tanto el ego que a menudo se afirma sin restricciones ni límites. Esto a veces se denomina "la edad difícil".

Hasta que se alcanza este período, la vida psíquica del individuo está dominada principalmente por los impulsos, y hay pocos o ningún problema. Incluso cuando las limitaciones externas se oponen a los impulsos subjetivos, estas restricciones no causan conflicto interno en el individuo. Se somete a ellas o las evita, manteniendo la armonía consigo mismo. Aún no experimenta la tensión interna que genera un problema. Este estado solo se manifiesta cuando una limitación externa se convierte en un obstáculo interno, cuando un impulso se enfrenta a otro. En términos psicológicos, se podría decir que el estado inducido por un problema, el estado de conflicto interno, surge cuando, junto con la serie de contenidos del ego, surge una segunda serie de igual intensidad. Esta segunda serie, debido a su valor energético, tiene un significado funcional equivalente al del complejo del yo; se podría llamar otro yo secundario, que en determinadas circunstancias puede superar al primero. Esto provoca una división dentro de uno mismo, un estado que indica la presencia de un problema.

Basándose en lo anterior, se puede resumir de la siguiente manera: el primer estadio de la conciencia, que implica el reconocimiento o el "conocimiento", es un estado anárquico o caótico. El segundo estadio, caracterizado por el desarrollo del complejo del yo, es una fase monárquica o monista. El tercero representa un avance en la conciencia y consiste en la toma de conciencia de la propia división; es una fase dualista.

Con esto, se vuelve al tema que ocupa: el análisis de las etapas de la vida. En primer lugar, se debe abordar el período de la juventud. A grandes rasgos, este período abarca desde los años inmediatamente posteriores a la pubertad hasta el comienzo de la edad adulta, que generalmente ocurre entre los treinta y cinco y los cuarenta años.

Se podría cuestionar por qué se ha decidido comenzar con el segundo período de la vida humana. ¿No hay problemas significativos relacionados con la infancia? La compleja vida psíquica del niño ciertamente plantea desafíos importantes para padres, educadores y médicos; sin embargo, cuando es normal, el niño no experimenta verdaderos problemas propios. Solo cuando el individuo ha crecido puede surgir la incertidumbre sobre sí mismo y el conflicto interno.

Los desafíos psicológicos de la juventud

Todos están familiarizados con el origen de los problemas que surgen en la juventud. Para la mayoría, son las demandas de la vida las que despiertan bruscamente de los sueños de la infancia. Si el individuo está suficientemente preparado, la transición a una carrera profesional puede ser fluida. Pero si se aferra a ilusiones que no se corresponden con la realidad, seguramente surgirán problemas. Nadie entra en la vida sin ciertas expectativas, y a veces estas expectativas resultan ser falsas, es decir, no se ajustan a las condiciones a las que uno se enfrenta. A menudo son expectativas exageradas, una subestimación de las dificultades, un optimismo injustificado o una actitud negativa. Se podrían enumerar muchas suposiciones erróneas que dan lugar a los primeros problemas conscientes.

Sin embargo, no siempre es el contraste entre las suposiciones subjetivas y los hechos externos lo que origina los problemas. Con la misma frecuencia, pueden surgir disturbios psíquicos internos, incluso cuando las cosas van bien en el mundo exterior. A menudo, estos disturbios provienen del impulso sexual o del sentimiento de inferioridad generado por una sensibilidad excesiva. Estas dificultades internas pueden existir incluso cuando la adaptación al mundo exterior se ha logrado sin esfuerzo aparente. Parece que los jóvenes que han luchado duramente por su existencia a menudo están libres de problemas internos, mientras que aquellos para quienes la adaptación es fácil tropiezan con problemas relacionados con el sexo o el conflicto debido al sentimiento de inferioridad.

Las personas cuyo temperamento propio les causa problemas suelen ser neuróticas, pero sería un error confundir la existencia de problemas con la neurosis. Existe una diferencia marcada entre ambos en el sentido de que el neurótico está enfermo porque no es consciente de sus problemas, mientras que la persona con un temperamento difícil experimenta sus problemas conscientemente sin estar enferma.

Al intentar identificar los factores comunes y esenciales de la casi infinita variedad de problemas individuales que surgen durante la juventud, se encuentra un rasgo particular en casi todos los casos: una tendencia más o menos evidente a aferrarse al nivel infantil de conciencia, una resistencia a las fuerzas inevitables dentro y fuera que empujan hacia el mundo. Algo dentro anhela permanecer como niños; ser inconscientes o, como máximo, conscientes solo de sí mismos; rechazar lo ajeno o, al menos, someterlo a la propia voluntad; no hacer nada o, en todo caso, satisfacer las propias necesidades de placer o poder. En esta tendencia, se observa una especie de inercia, una persistencia en un estado existente cuyo nivel de conciencia es más limitado, estrecho y egoísta que en el estadio dualista. En este último, el individuo está obligado a reconocer y aceptar lo que es diferente y extraño como parte de su propia vida, como una especie de "yo también".

La expansión del horizonte de la vida es el rasgo esencial del estadio dualista, al que se resiste. Sin duda, esta expansión, o "diástole", como diría Goethe, comenzó mucho antes. Comienza en el nacimiento, cuando el niño abandona el estrecho confinamiento del vientre materno, y continúa hasta alcanzar un punto crítico en esa fase en la que, acosado por los problemas, el individuo comienza a luchar contra ellos.

¿Qué sucedería si simplemente se transformara en ese otro yo diferente y se dejara que el yo anterior desapareciera en el pasado? Se podría suponer que este es un camino bastante viable. El propósito mismo de la educación religiosa, desde la exhortación a dejar atrás al viejo Adán hasta los rituales de renacimiento de las razas primitivas, es transformar al ser humano en un hombre nuevo, un hombre del futuro, y permitir que las viejas formas de vida se desvanezcan.

La psicología enseña que, en cierto sentido, nada en la psique es verdaderamente antiguo; nada puede morir de manera absoluta y definitiva. Incluso Pablo tuvo que lidiar con un "aguijón en la carne". Quien se resguarda de lo nuevo y lo desconocido, retrocediendo así hacia el pasado, cae en una condición neurótica similar a la de aquel que se identifica con lo nuevo y huye del pasado. La diferencia radica en que uno se aparta del pasado y el otro del futuro. En esencia, ambos están preservando un estado de conciencia estrecho. La alternativa sería superarlo mediante la tensión inherente al juego de opuestos, alcanzando así un estado de conciencia más amplio y elevado.

Este logro sería ideal si pudiera alcanzarse en la segunda etapa de la vida, pero aquí radica el problema. Por un lado, la naturaleza no tiene interés alguno en un nivel superior de conciencia, sino más bien lo contrario. Por otro lado, la sociedad no valora en gran medida estos logros de la psique; sus recompensas se otorgan principalmente por los éxitos tangibles y no tanto por la personalidad, la cual, en su mayoría, recibe reconocimiento a título póstumo. Por lo tanto, una solución específica a esta dificultad se vuelve imperativa: es necesario conformarse con lo alcanzable y diferenciar las habilidades particulares, permitiendo así que el individuo competente encuentre su lugar en la sociedad.

El logro, la utilidad, entre otros, son los ideales que parecen orientar fuera del laberinto de los problemas que rodean al individuo. Pueden ser guías en la tarea de ampliar y consolidar las existencias psíquicas, ayudando a arraigarse en el mundo, pero no conducen en el desarrollo de esa conciencia más amplia que se denomina cultura. En la juventud, al menos, este enfoque es normal y, en todas las circunstancias, preferible a simplemente dar vueltas en el caos de los problemas.

Por lo tanto, el dilema suele resolverse de la siguiente manera: lo que el pasado ofrece se ajusta a las posibilidades y demandas del futuro. El individuo se conforma con lo que puede alcanzar, lo cual implica renunciar a otras potencialidades. Un individuo pierde una parte valiosa de su pasado, otro una parte valiosa de su futuro. Todos pueden recordar a amigos o compañeros de escuela que eran jóvenes prometedores e idealistas, pero que, años más tarde, parecían haberse estancado y encogido dentro de un molde estrecho. Estos son ejemplos de la solución mencionada anteriormente.

Sin embargo, los problemas serios de la vida rara vez se resuelven por completo. Si parece que se resuelven de una vez por todas, es señal de que algo se ha perdido en el proceso. El significado y propósito de un problema no parecen residir en su solución, sino en el trabajo constante en él. Solo así se evitan el entorpecimiento y el estancamiento. Lo mismo ocurre con la solución a los problemas de la juventud que implica conformarse con lo alcanzable: es válida solo temporalmente y carece de una profundidad duradera. Claro está, establecerse en la sociedad y adaptar la propia naturaleza de modo que se ajuste a esta existencia es, en todos los casos, un logro significativo. Es una lucha que se libra tanto interna como externamente, comparable a la lucha de un niño por afirmar su propio yo. Esta lucha, se debe reconocer, pasa en gran parte desapercibida porque ocurre en la oscuridad; sin embargo, al ver la persistencia con la que aún se aferra en años posteriores a las ilusiones infantiles, las suposiciones y los hábitos egoístas, se puede apreciar la energía que se requirió para formarlos. Lo mismo ocurre con los ideales, convicciones, principios rectores y actitudes que guían en la juventud, por los cuales se lucha, se sufre y se obtienen victorias: crecen junto con el ser, el individuo se transforma en ellos y, por lo tanto, los perpetúa como algo natural, al igual que un niño afirma su yo frente al mundo, a veces incluso en contra de sí mismo.

A medida que el individuo se acerca a la mediana edad y logra consolidar sus posiciones personales y sociales, parece que ha descubierto el camino correcto y los principios e ideales de conducta correctos. Por ello, los considera perpetuamente válidos y hace virtud de mantenerse fiel a ellos de manera inmutable. Se pasa por alto el hecho esencial de que los logros que la sociedad premia se obtienen a expensas de una disminución de la personalidad. Muchos aspectos de la vida, que también deberían haber sido experimentados, quedan relegados al olvido entre recuerdos polvorientos. A veces, incluso, son brasas ardientes bajo cenizas grises.

Las estadísticas revelan un aumento en la frecuencia de los casos de depresión en hombres alrededor de los cuarenta años. En las mujeres, las dificultades neuróticas suelen manifestarse un poco antes. Se ve que en esta fase de la vida, entre los treinta y cinco y los cuarenta, se está produciendo un cambio significativo en la psique humana. Inicialmente, este cambio no es consciente ni llamativo; más bien se manifiesta a través de señales indirectas de una transformación que parece surgir del inconsciente. A menudo, se trata de un lento cambio en el carácter de la persona; en otros casos, pueden resurgir ciertos rasgos que se habían perdido en la infancia; o bien, inclinaciones e intereses comienzan a debilitarse mientras surgen otros en su lugar. También es común que las convicciones y principios, hasta entonces aceptados, especialmente los morales, comiencen a endurecerse y a volverse más rígidos, hasta que hacia los cincuenta años, se alcance un período de intolerancia y fanatismo. Pareciera como si la existencia de estos principios estuviera amenazada y, por lo tanto, fuera necesario reafirmarlos aún más.

El vino de la juventud no siempre mejora con los años; a menudo se vuelve turbio. Las señales mencionadas anteriormente son más evidentes en personas bastante unilaterales, que muestran estas características en momentos diversos. En opinión del autor, esto puede retrasarse cuando los padres de alguien aún están vivos, prolongando así la etapa juvenil de manera indebida. Se ha observado esto especialmente en hombres cuyos padres tienen una larga vida. La muerte del padre a menudo desencadena una maduración rápida, casi catastrófica.

En sus escritos, Jung relata el caso de un hombre piadoso que era asistente en una iglesia y que, a partir de los cuarenta años, mostró una intolerancia creciente y finalmente insoportable en asuntos de moralidad y religión. Al mismo tiempo, su carácter empeoró notablemente. Al final, se convirtió en poco más que un "pilar de la iglesia" profundamente degradado. Se las arregló así hasta los cincuenta y cinco años, cuando de repente, una noche, sentado en la cama, le confesó a su esposa: "¡Finalmente lo admito! En realidad, no soy más que un canalla". Este momento de autoconciencia también tuvo sus consecuencias. Pasó sus últimos años viviendo de manera desenfrenada y malgastando una buena parte de su fortuna. Era evidentemente una persona bastante compleja, capaz de extremos opuestos.

Los trastornos neuróticos comunes en la edad adulta tienen en común el intento de prolongar las disposiciones psicológicas de la juventud más allá de lo que se considera adecuado. Son conocidos esos conmovedores ancianos que siguen reviviendo sus días de juventud, aferrados a recuerdos de tiempos heroicos, pero que, por lo demás, están atrapados en una mentalidad estereotipada y aburrida. Aunque sin duda tienen su mérito, que no debe subestimarse: no son neuróticos, simplemente están atrapados en la monotonía o en patrones de pensamiento predecibles. El neurótico, por otro lado, es aquel que nunca está satisfecho con su situación presente y, por lo tanto, no puede disfrutar del pasado.

La transición hacia la segunda mitad de la vida

Así como antes el neurótico no podía liberarse de la infancia, ahora no puede desprenderse de su juventud. Siente aversión hacia los aspectos grises del envejecimiento; y, al encontrar la perspectiva que se le presenta insoportable, siempre trata de retroceder en el tiempo. Del mismo modo que un niño teme lo desconocido del mundo y de la existencia humana, el adulto teme la segunda mitad de su vida. Siente que le esperan desafíos desconocidos y peligrosos; o que se avecinan sacrificios y pérdidas que no está dispuesto a aceptar; o que su vida hasta ahora ha sido tan plena y valiosa que no puede renunciar a ella.

¿Es acaso el miedo a la muerte lo que subyace en todo esto? No parece muy probable, ya que la muerte generalmente está lejos y, por lo tanto, se considera más como una idea abstracta. Más bien, la base y la causa de todas las dificultades en esta transición se encuentran en un cambio peculiar y profundamente arraigado en la psique. Para describirlo, se puede usar la analogía del curso diario del sol, pero considerando al sol con sentimientos humanos y la conciencia limitada del hombre. Por la mañana, surge del mar de la inconsciencia y contempla el vasto y brillante mundo que se extiende ante él, cuya expansión aumenta a medida que asciende en el firmamento. En esta expansión de su alcance, el sol descubre su propósito; ve la realización de su máximo potencial, la difusión más amplia posible de sus bendiciones, como su objetivo. Con esta convicción, el sol sigue su curso impredecible hasta alcanzar su cenit; un camino impredecible porque es único e individual, y su punto culminante no puede ser calculado de antemano. Al llegar al mediodía, comienza su descenso. Y este descenso implica la inversión de todos los ideales y valores acariciados en la mañana. El sol entra en conflicto consigo mismo. Parece tener que retraer sus rayos en lugar de irradiarlos. La luz y el calor disminuyen y finalmente se extinguen.

Todas las comparaciones pueden resultar un tanto dramáticas, pero esta analogía al menos no es más dramática que otras. Un proverbio francés lo resume con resignación cínica: Si jeunesse savait, si vieillesse pouvait (Si la juventud supiera, si la vejez pudiera).

Afortunadamente, los seres humanos no son soles nacientes y ponientes, de lo contrario, los valores culturales estarían en peligro. Sin embargo, hay algo de sol en el ser humano; y hablar de la mañana y la primavera, la tarde y el otoño de la vida no es simplemente una expresión sentimental. Se está reflejando una verdad psicológica, e incluso hechos fisiológicos; pues la inversión al mediodía incluso cambia las características físicas. Es especialmente notable entre las razas del sur que las mujeres mayores desarrollan voces ásperas y profundas, así como rasgos faciales más duros y otros atributos masculinos. Por otro lado, los hombres tienden a suavizar rasgos masculinos, desarrollando adiposidad y expresiones faciales más suaves.

En la literatura etnológica existe una fascinante historia que ilustra la transformación psíquica que se experimenta en la madurez. Se cuenta de un jefe guerrero indígena que, en la etapa de su vida adulta, tuvo un sueño en el cual el Gran Espíritu se le apareció. En esta visión, se le indicaba que a partir de ese momento debía abandonar su papel de guerrero para sentarse entre mujeres y niños, vestir ropas femeninas y comer la comida preparada por ellas. A pesar de la aparente pérdida de prestigio, el jefe obedeció el sueño sin resistencia.

Este relato simboliza la revolución psíquica que ocurre en la mitad de la vida, marcando el inicio de un declive en los roles y valores tradicionales. Se pueden equiparar la masculinidad y la feminidad con reservas de energía psíquica que se utilizan de manera desigual en la primera parte de la vida. En esta etapa, se consume principalmente la reserva de energía masculina, dejando una pequeña porción de energía femenina que ahora se vuelve relevante. En cambio, las mujeres pueden activar su reserva de energía masculina no utilizada.

Esta transformación afecta más al plano psíquico que al físico. Es común ver cómo hombres de mediana edad abandonan sus roles tradicionales para ayudar a sus esposas en negocios familiares, mientras que algunas mujeres, luego de años de dedicación exclusiva al hogar, descubren nuevas facetas de su personalidad más orientadas hacia la acción y la independencia.

Sin embargo, esta transición no siempre es fácil y puede desencadenar crisis en las relaciones y en la identidad personal. Muchos individuos desconocen estas posibles transformaciones y enfrentan la segunda mitad de la vida sin preparación. A diferencia de la juventud, donde las universidades brindan orientación, no existen instituciones que preparen a los adultos para los desafíos de la madurez.

El propósito y significado de la etapa tardía de la vida

Es crucial entender que los ideales y verdades que guiaron la vida en la juventud pueden no ser aplicables en la madurez. La tarde de la vida requiere una reevaluación de las prioridades y una dedicación renovada al autoconocimiento. Es un proceso inevitable de contracción interna, donde se debe enfocar en el desarrollo personal y espiritual.

En lugar de aferrarse al pasado o negarse a envejecer, se debe aceptar este proceso como una oportunidad para iluminarse a sí mismo y encontrar un nuevo propósito en la vida. La madurez brinda la posibilidad de trascender los límites de la juventud y descubrir una sabiduría y plenitud que solo se alcanzan con la edad y la introspección.

En la actualidad, cuando se afirma que no se dispone de escuelas específicas para adultos de mediana edad en adelante, la afirmación no es totalmente exacta. Históricamente, las religiones han desempeñado ese papel, si bien ¿cuántos consideran hoy en día las religiones como tales instituciones educativas? ¿Cuántos, en la etapa avanzada de la vida, han recibido una formación completa para afrontar la vejez, la muerte y lo que pueda venir después?

Es innegable que un ser humano no llegaría a los setenta u ochenta años si esta longevidad no tuviera un propósito dentro de la especie humana. La fase tardía de la vida también debe tener un significado propio, y no ser meramente una prolongación lúgubre de la juventud. El propósito evidente de la primera parte de la vida radica en el desarrollo personal, la integración en el mundo exterior, la perpetuación de la especie y el cuidado de la descendencia. Este es el designio claro de la naturaleza. Sin embargo, una vez cumplido -e incluso sobrepasado- este designio, ¿deberían la búsqueda de riquezas, la expansión de las conquistas y el prolongamiento de la vida continuar sin fin, más allá de los límites de toda razón y propósito? Aquel que traslade a la etapa tardía de la vida la ley de la etapa temprana, es decir, los objetivos marcados por la naturaleza, sufrirá un menoscabo en su alma, tal como un niño en crecimiento que intenta mantener su egoísmo infantil sufrirá un fracaso en su vida social. El dinero, la posición social, la familia y la descendencia son meramente naturaleza, no cultura. La cultura trasciende el propósito de la naturaleza. ¿Podría ser acaso la cultura el significado y propósito de la segunda parte de la vida?

En las sociedades primitivas, se observa que los ancianos suelen ser los guardianes de los misterios y las tradiciones, siendo ellos quienes transmiten la herencia cultural de la comunidad. ¿Qué sucede en las sociedades contemporáneas? ¿Dónde reside la sabiduría de los ancianos, dónde se hallan sus valiosos secretos y sus visiones? En su mayoría, los ancianos intentan competir con los jóvenes. En lugares como Estados Unidos, casi se idealiza que los padres sean como hermanos para sus hijos, y que las madres, si es posible, sean como hermanas menores para sus hijas.

Es incierto si esta confusión actual es una reacción a una sobrevaloración previa de la dignidad de la vejez, o si se debe a ideales falsos. Sin duda, tales ideales existen, y quienes los defienden buscan regresar al pasado en lugar de mirar hacia el futuro. Se debe reconocer que para estas personas resulta difícil vislumbrar qué otro propósito podría ofrecer la segunda parte de la vida más allá del conocido propósito de la primera. ¿No son suficientes la prolongación de la vida, la utilidad, la eficiencia, la creación de una imagen respetable en la sociedad, y la orientación estratégica de la descendencia hacia uniones matrimoniales adecuadas y buenas posiciones? Lamentablemente, estos propósitos no son suficientes significados o propósitos para muchas personas, quienes perciben la vejez como una mera disminución de la vida, y consideran sus ideales anteriores como algo desvanecido y gastado. Por supuesto, si esas personas hubieran vivido la vida plenamente, exprimiendo cada experiencia al máximo, ahora percibirían la vejez de manera muy distinta; si no se hubieran guardado nada, todo lo que habría deseado arder ya se habría consumido, y encontrarían consuelo en la serenidad de la vejez. Sin embargo, se debe recordar que solo unas pocas personas son verdaderamente artistas de la vida; el arte de vivir es el más distinguido y raro de todos los artes. ¿Quién ha sido capaz alguna vez de vaciar la copa de la vida con gracia? Por ello, a muchas personas les queda demasiada vida por vivir, a veces potencialidades que nunca habrían sido realizadas, incluso con la mejor de las intenciones; y así, se acercan a la vejez con aspiraciones insatisfechas que inevitablemente las hacen mirar hacia atrás.

Para estas personas, mirar hacia atrás resulta especialmente perjudicial. Necesitan una perspectiva y una meta en el futuro. Por eso, todas las grandes religiones sostienen la promesa de una vida más allá de esta. Esta promesa permite que el ser humano mortal aborde la segunda parte de la vida con tanta determinación y propósito como la primera. Para el hombre contemporáneo, la prolongación de la vida y su culminación son metas plausibles; sin embargo, la idea de una vida después de la muerte le parece cuestionable o inconcebible. No obstante, la conclusión de la vida, es decir, la muerte, solo puede aceptarse como destino cuando la existencia es tan desdichada que se alegra de que llegue a su fin, o cuando se está convencido de que el sol se esfuerza hasta su ocaso, "para iluminar a razas distantes", con la misma perseverancia que mostró al ascender hasta su cenit. Pero creer en esto se ha convertido en un arte tan difícil hoy en día que la gente, especialmente la parte educada de la humanidad, apenas puede encontrar su camino. Se han acostumbrado demasiado a creer que, en lo que respecta a la inmortalidad y cuestiones similares, existen numerosas opiniones contradictorias y ninguna prueba convincente. Dado que la "ciencia" se ha convertido en el lema que lleva el peso de la convicción en el mundo contemporáneo, se exigen pruebas "científicas". Pero las personas educadas que saben reflexionar entienden que tales pruebas no existen. Sencillamente, no se sabe.

Es importante señalar que, por las mismas razones, no se puede saber si algo le sucede a una persona después de morir. La respuesta no es ni un sí rotundo ni un no definitivo. Sencillamente, se carece de pruebas científicas concluyentes al respecto, igual que cuando se pregunta si el planeta Marte está habitado o no. Y a los hipotéticos habitantes de Marte, si existieran, seguramente no les importaría si se afirma o niega su existencia. Pueden existir o no. Lo mismo ocurre con la llamada inmortalidad, un tema en el que se puede poner punto final.

Sin embargo, aquí la conciencia como médico se despierta y lo impulsa a mencionar una palabra esencial para esta cuestión. Se ha observado que una vida con un propósito es generalmente mejor, más plena y más saludable que una vida sin rumbo, y que es preferible avanzar con el flujo del tiempo que luchar contra él. Desde la perspectiva de la psicoterapia, un anciano que se aferra desesperadamente a la vida parece tan frágil y enfermizo como un joven que rechaza abrazarla. Y, de hecho, en muchos casos, ambos comparten la misma tendencia infantil hacia la codicia, el miedo, la obstinación y la falta de voluntad. Como médico, se está convencido de que es higiénico -si se permite la expresión- considerar la muerte como una meta hacia la cual se puede aspirar; mientras que alejarse de ella es perjudicial y anormal, privando a la segunda mitad de la vida de su propósito. Por lo tanto, se piensa que la enseñanza religiosa sobre una vida más allá está en sintonía con el punto de vista de la higiene mental. Si se vive en una casa que se sabe que se derrumbará en las próximas dos semanas, todos los aspectos vitales se verán afectados por ese pensamiento; pero si se siente seguro, se puede habitarla de manera normal y cómoda. Por lo tanto, desde el punto de vista de la psicoterapia, sería deseable pensar en la muerte simplemente como una transición, una parte del proceso vital cuya extensión y duración escapan al conocimiento humano.

A pesar de que la mayoría de la humanidad no entiende por qué el cuerpo necesita sal, todos la necesitan por instinto. Lo mismo ocurre con los aspectos de la psique. Desde tiempos inmemoriales, la gran mayoría de las personas han sentido la necesidad de creer en la continuidad de la vida. Las exigencias de la terapia, por lo tanto, no llevan por un camino desconocido, sino por el camino trillado por la humanidad. Y, por ende, se está reflexionando adecuadamente sobre el sentido de la vida, aunque no se comprenda plenamente lo que se piensa.

¿Alguna vez se entiende realmente lo que se piensa? Solo se comprenden aquellos pensamientos que son como ecuaciones simples, donde solo se obtiene lo que se ha puesto. Esa es la función del intelecto. Pero más allá de eso, hay un pensamiento en imágenes primordiales, en símbolos que son más antiguos que el hombre histórico, que han estado arraigados en él desde tiempos inmemoriales y que, eternamente vivos, sobreviven a todas las generaciones, constituyendo la base de la psique humana. Solo se puede vivir plenamente cuando se está en armonía con estos símbolos; la sabiduría reside en volver a ellos. No se trata de creencia ni de conocimiento, sino de la concordancia del pensamiento con las imágenes primordiales del inconsciente. Son la fuente de todos los pensamientos conscientes, y uno de estos pensamientos primordiales es la idea de la vida después de la muerte. La ciencia y estos símbolos son inconmensurables. Son condiciones indispensables de la imaginación; son datos primarios, materiales cuya existencia y utilidad la ciencia no puede negar de antemano. Solo puede tratarlos como hechos establecidos, de la misma manera que puede investigar una función como la de la glándula tiroides. Antes del siglo XIX, la tiroides se consideraba un órgano sin sentido, simplemente porque no se entendía. Sería igualmente limitado por parte del hombre calificar hoy las imágenes primordiales de carentes de sentido. Para el autor, esas imágenes son algo así como órganos psíquicos, y las trata con suma cautela. A veces tiene que decirle a un paciente mayor: "Su imagen de Dios o su idea de la inmortalidad están atrofiadas; por lo tanto, su metabolismo psíquico no funciona correctamente". El antiguo athanasias pharmakon, el medicamento de la inmortalidad, es más profundo y significativo de lo que se pensaba.

En este punto, se vuelve brevemente a la comparación con el sol. Los ciento ochenta grados del arco de la vida se pueden dividir en cuatro partes. El primer cuarto, en el este, es la infancia, una etapa en la que se es un problema para los demás pero aún no se es consciente de los propios problemas. Los problemas conscientes llenan el segundo y el tercer cuarto; mientras que en el último cuarto -la vejez extrema- se vuelve a esa condición en la que, liberado de la conciencia, se vuelve a ser como un problema para los demás. Aunque la infancia y la vejez extrema son completamente diferentes, tienen algo en común: la inmersión en sucesos psíquicos inconscientes. Dado que la mente de un niño se desarrolla fuera del inconsciente, sus procesos psíquicos, aunque no sean fáciles de discernir, no son tan complejos como los de una persona muy anciana que ha vuelto a sumergirse en el inconsciente y se desvanece gradualmente dentro de él. Tanto la infancia como la vejez son etapas de la vida sin problemas conscientes, por lo que no se han tenido en cuenta aquí.

Parte II - Sobre el Hombre y Sus Símbolos Arquetípicos

Continuando con esta exploración de la psique humana, ahora nos adentramos en las profundidades del inconsciente, donde residen los símbolos y arquetipos que dan forma a nuestra experiencia vital. Tras haber examinado el significado de los sueños en la primera parte de este libro, es momento de expandir en los análisis de Jung para abarcar la relación integral entre el individuo y los aspectos más primitivos y colectivos de su mente.

Jung sostiene que los símbolos que emergen en los sueños no son meras manifestaciones aleatorias, sino expresiones de patrones arquetípicos arraigados en lo más hondo de la psique. Estos arquetipos, heredados a través de generaciones, conforman un sustrato común a toda la humanidad, influenciando nuestros pensamientos, emociones y comportamientos de maneras que a menudo escapan a la conciencia.

En esta sección, el lector encontrará una exploración detallada de cómo los arquetipos se manifiestan en los sueños, los mitos y las creencias religiosas, y cómo su comprensión puede conducir a una mayor integración psíquica. Jung enfatizaba la importancia de reconocer y asimilar estos contenidos inconscientes, no como meras reliquias del pasado, sino como fuerzas vivas que continúan moldeando nuestra realidad psicológica.

El simbolismo de la madre y el renacimiento en el inconsciente

En el desarrollo del héroe, según el análisis de los sueños realizado por Carl Jung, después de que el héroe se ha formado, surge una visión que representa una muchedumbre de gente. Este simbolismo es familiar en el análisis onírico, siendo primordialmente un símbolo del misterio. Sigmund Freud sugiere que este símbolo se elige por su capacidad para representar una idea. El individuo portador del misterio se encuentra en contraposición a la multitud ignorante, ya que poseer el misterio lo aparta del contacto con el resto de la humanidad.

Una adecuada gestión de la libido requiere una relación armoniosa y fluida con el entorno. La posesión de un secreto subjetivamente importante puede generar una gran perturbación. En este sentido, se puede afirmar que todo el arte de vivir se reduce a resolver el problema de cómo liberar la libido de la manera menos perjudicial posible. Por lo tanto, el neurótico experimenta un beneficio especial en el tratamiento cuando finalmente puede liberarse de sus diversos secretos.

La representación simbólica de la multitud, especialmente la masa que fluye y se mueve, a menudo es reemplazada por una gran excitación en el inconsciente, particularmente en personas que aparentan ser tranquilas exteriormente.

La visión de la muchedumbre se expande con la aparición de caballos y el estallido de una batalla. Siguiendo a Herbert Silberer, se podría interpretar esta visión como perteneciente a la "categoría funcional". La concepción de las multitudes mezcladas simboliza la irrupción actual de la masa de pensamientos, mientras que la batalla y posiblemente los caballos representan el movimiento. El significado más profundo de la aparición de los caballos se revelará más adelante en el análisis del simbolismo materno.

La siguiente visión tiene un carácter más definido y significativo. Se observa una "Cité de Rêves" (Ciudad de Sueños), similar a una imagen previamente vista en la portada de una revista. Lamentablemente, no se dispone de más información al respecto. Es fácil imaginar que esta "Cité de Rêves" representa un sueño de deseos cumplidos, algo muy hermoso y anhelado, una suerte de Jerusalén celestial, como la describe el poeta del Apocalipsis.

La ciudad es un símbolo materno, una figura que cuida a sus habitantes como a niños. Por tanto, es comprensible que las diosas madres, Rea y Cibeles, lleven una corona mural. El Antiguo Testamento personifica a ciudades como Jerusalén y Babilonia como mujeres. Isaías se refiere a Babilonia como la "virgen hija de Babilonia" que será humillada y avergonzada. Jeremías habla de Babilonia como una madre que será confundida y avergonzada.

Las ciudades fuertes e invictas son consideradas vírgenes, mientras que los colonos son vistos como hijos e hijas. Asimismo, las ciudades también son comparadas con prostitutas. Isaías menciona a Tiro como una ramera olvidada y se pregunta cómo la ciudad virtuosa se ha convertido en una ramera.

En el mito de Ogyges, el legendario rey que gobernó en Tebas, Egipto, y cuya esposa llevaba el nombre apropiado de Tebe, se encuentra un simbolismo similar. La Tebas bética, fundada por Cadmo, fue llamada "Ogygian" debido a esta conexión. Este título también se aplicó al gran diluvio, denominado "Ogygiano" por ocurrir durante el reinado de Ogyges. Más adelante, se verá que esta coincidencia no es fortuita.

El hecho de que la ciudad y la esposa de Ogyges compartan el mismo nombre sugiere una relación entre la ciudad y la mujer, lo cual no es difícil de entender, ya que la ciudad es equiparable a la mujer. Una idea similar se encuentra en la tradición hindú, donde Indra es el esposo de Urvara, cuyo nombre significa "tierra fértil". De manera análoga, la conquista de un país por parte de un rey se interpretó como un matrimonio con la tierra arada.

Este concepto también estaba presente en Europa, donde se esperaba que los príncipes garantizaran una buena cosecha al ascender al trono. De hecho, el rey sueco Domaldi fue asesinado debido al fracaso de la cosecha, según la Ynglinga saga. En el Ramayana, el héroe Rama se casa con Sita, que simboliza el surco del campo. Esta noción se refleja en la costumbre china de que el emperador ara un surco al ascender al trono.

La idea de que la tierra es femenina también implica una conexión continua con la mujer, una comunicación física. Shiva, el dios fálico, es tanto masculino como femenino, como lo son Mahadeva y Parvati. Shiva ha cedido la mitad de su cuerpo a su consorte Parvati como morada. Existe un dibujo de un Pundit de Ardhanarishwara donde una mitad del dios es masculina y la otra femenina, con los genitales en una unión continua.

Este motivo de unión continua se expresa en el conocido símbolo lingam, que se encuentra en muchos templos indios; la base representa un símbolo femenino, con el falo en su interior. Este símbolo guarda similitudes con los cofres y cestas fálicos místicos griegos. El cofre o caja, en este contexto, es un símbolo femenino, es decir, el vientre de la madre.

Esta concepción, común en las antiguas mitologías, sugiere que el cofre, con su contenido precioso, flota en el agua; una inversión notable del hecho natural de que el niño flota en el líquido amniótico dentro del útero. Esta inversión ofrece una gran ventaja para la sublimación, ya que crea amplias posibilidades para la fantasía mitológica, es decir, para la incorporación en el ciclo solar.

El Sol, como un dios inmortal, flota sobre el mar y cada noche se sumerge en el agua materna para renacer rejuvenecido por la mañana. Leo Frobenius comenta al respecto que surge la idea de que aquí tiene lugar un nacimiento, el nacimiento de un joven hijo. Entonces surge la pregunta de la paternidad y cómo la mujer ha quedado embarazada. La respuesta primitiva es que este mar ha tragado previamente al viejo Sol. En consecuencia, el mito resultante es que la mujer (el mar) ha devorado anteriormente al Sol y ahora trae un nuevo Sol al mundo, por lo que ha quedado embarazada.

Todos estos dioses marinos son símbolos solares. Se les encierra en un cofre o arca para el "viaje nocturno por el mar" (Frobenius), a menudo junto con una mujer (otra inversión de la situación real, pero que respalda el motivo de la unión continua mencionado anteriormente). Durante este viaje nocturno por el mar, el dios Sol está encerrado en el vientre de la madre, enfrentando diversos peligros.

Frobenius presenta un esquema construido a partir de innumerables mitos de este tipo y una leyenda para ilustrarlo: Un héroe es devorado por un monstruo acuático en el Oeste. El animal lo lleva en su interior hacia el Este. Mientras tanto, el héroe enciende fuego dentro del vientre del monstruo, y al sentir hambre, corta un trozo del corazón que cuelga. Poco después, se da cuenta de que el pez se desliza sobre tierra seca; inmediatamente comienza a abrir al animal de adentro hacia afuera y luego se desliza hacia afuera. Dentro del vientre del pez hacía tanto calor que al héroe se le había quemado todo el pelo. El héroe libera a todos aquellos que antes fueron devorados con frecuencia, y ahora todos se deslizan hacia afuera.

Un paralelismo notable es el viaje de Noé durante el diluvio, donde todas las criaturas vivas perecen, y solo él, junto con la vida que custodia, son llevados a un nuevo nacimiento. En una leyenda melapolinesia, se relata que el héroe, en el vientre del Pez Rey, tomó su arma y abrió el vientre del pez. Se deslizó hacia afuera y contempló un esplendor, se sentó y reflexionó. "Me pregunto dónde estoy", dijo. Entonces el Sol se levantó de un salto y giró de un lado a otro. Luego, el Sol se escondió de nuevo.

Frobenius también menciona del Ramayana el mito del simio Hanuman, que representa al héroe Sol. El Sol, hacia el cual Hanuman se precipita por el aire, proyecta una sombra sobre el mar. El monstruo marino se da cuenta y atrae a Hanuman hacia sí; cuando Hanuman ve que el monstruo está a punto de devorarlo, estira su figura hasta volverse tan pequeño como un pulgar; entra en el gran cuerpo del monstruo y sale por el otro lado. En otra parte del poema, se dice que sale de la oreja derecha del monstruo (como el Gargantúa de Rabelais, que también nació de la oreja de su madre).

Hanuman entonces reanuda su vuelo y encuentra un nuevo obstáculo en otro monstruo marino, que es la madre de Rahus, el demonio devorador del sol. Este último atrae la sombra de Hanuman hacia ella de la misma manera. Hanuman recurre de nuevo a la estratagema anterior, se hace pequeño y se desliza dentro de su cuerpo, pero apenas está allí, crece hasta convertirse en una masa gigantesca, se hincha, la desgarra, la mata y así escapa.

De este modo, se comprende por qué al portador de fuego indio Mātariçvan se le llama "el que se hincha en la madre"; el arca (cajita, cofre, tonel, vasija, etc.) es un símbolo del útero, al igual que el mar, en el que el Sol se sumerge para renacer. A partir de este conjunto de ideas, se entienden las afirmaciones mitológicas sobre Ogyges; él es quien posee a la madre, la Ciudad, y está unido a ella; por lo tanto, bajo él, vino el gran diluvio.

Es un fragmento típico del mito solar que el héroe, al unirse con la mujer alcanzada con dificultad, es expuesto en un tonel y arrojado al mar, para luego desembarcar en una orilla lejana y comenzar una nueva vida. La parte central, el "viaje nocturno por el mar" en el arca, falta en la tradición de Ogyges. Sin embargo, la regla en la mitología es que las partes típicas de un mito pueden combinarse de todas las maneras concebibles, lo que dificulta enormemente la interpretación de un mito particular sin el conocimiento de todos los demás.

El significado de este ciclo de mitos mencionado aquí es claro; es el anhelo de alcanzar el renacimiento mediante el retorno al vientre de la madre, es decir, de volverse tan inmortal como el Sol. Este anhelo materno se expresa con frecuencia en las escrituras sagradas. En la epístola a los Gálatas, se dice que la Jerusalén de arriba es libre y es nuestra madre. También se menciona que los cristianos, como Isaac, son hijos de la promesa, en contraposición a los hijos de la esclava, que deben ser echados fuera.

Los cristianos son considerados hijos de la Ciudad de Arriba, un símbolo materno espiritual, en contraposición a la ciudad-madre terrenal, que debe ser expulsada. Esta distinción refleja la oposición entre los nacidos según la carne y los nacidos según el espíritu, estos últimos no nacen de la madre física, sino de un símbolo que representa a la madre.

Un pensamiento religioso similar se encuentra en la tradición india, donde se dice que el primer pueblo procedió de la empuñadura de una espada y de una lanzadera. La religión está ligada a la compulsión de llamar a la madre no simplemente madre, sino Ciudad, Fuente, Mar, entre otros términos. Esta compulsión puede derivar de la necesidad de expresar una cantidad de energía psíquica relacionada con la madre, pero de manera que la madre esté representada u oculta en un símbolo.

El simbolismo de la ciudad se encuentra bien desarrollado en las revelaciones de Juan, donde dos ciudades desempeñan roles importantes, una de las cuales es denigrada y maldita, mientras que la otra es muy deseada. En el Apocalipsis, se menciona a una "gran ramera" sentada sobre muchas aguas, con la cual los reyes de la tierra han fornicado y los habitantes de la tierra se han embriagado con el vino de su fornicación.

Esta mujer está vestida de púrpura y escarlata, adornada con oro, piedras preciosas y perlas, y sostiene un cáliz de oro lleno de abominaciones y de las impurezas de su fornicación. En su frente lleva escrito un nombre misterioso: "Babilonia la grande, la madre de las rameras y de las abominaciones de la tierra". Esta mujer está embriagada con la sangre de los santos y de los mártires de Jesús.

Aunque la visión puede ser incomprensible, se destaca que las siete cabezas del dragón representan las siete colinas sobre las cuales se sienta la mujer, lo que probablemente alude a Roma, una ciudad cuyo poder temporal dominaba el mundo en la época del Apocalipsis. Las aguas sobre las cuales se asienta la mujer representan "pueblos y muchedumbres y naciones y lenguas", lo que también parece referirse a Roma, ya que era la "madre" de los pueblos y tenía dominio sobre vastas tierras. Así como en el lenguaje común se llaman "hijas" a las colonias, los pueblos sometidos a Roma son considerados como miembros de una familia sometida a la "madre". En otra parte del texto, se menciona que los reyes de los pueblos cometen fornicación con esta "madre".

El Apocalipsis continúa anunciando la caída de Babilonia la Grande, que se convierte en morada de demonios y guarida de espíritus impuros, debido a que todas las naciones han bebido del vino del furor de su fornicación. Así, esta figura materna no solo se convierte en la madre de todas las abominaciones, sino también en el receptáculo de todo lo que es perverso e impuro. Los pájaros, que son imágenes de almas, representan todas las almas de los condenados y los espíritus malignos. En consecuencia, la madre se transforma en Hécate, el inframundo mismo, la Ciudad de los condenados.

En la antigua representación de la mujer sobre el dragón, se reconoce claramente la imagen de Equidna, la madre de los horrores infernales. Babilonia simboliza la madre "terrible", que seduce a todos los hombres con tentaciones diabólicas y los embriaga con su vino. La bebida embriagadora está estrechamente vinculada a la fornicación, ya que también es un símbolo de la libido, como se ha visto en la relación entre el fuego y el sol.

Tras la caída y la maldición de Babilonia, el Apocalipsis presenta un himno que exalta a la "mujer" como la esposa del Cordero. Esta "mujer" se revela posteriormente como la gran ciudad santa Jerusalén, que desciende del cielo, adornada con la gloria de Dios. Es evidente que esta Ciudad celestial es la madre, a la cual se hace referencia de manera simbólica comola esposa del Cordero. Es un testimonio de la percepción psicológica sutil de los padres de la Iglesia primitiva que formularon estos conceptos simbólicos del misterio de Cristo, los cuales se basan en fantasías y mitos subyacentes en el cristianismo temprano.

Los demás atributos asociados a la Jerusalén celestial refuerzan su significado como madre. Se describe un río puro de agua de vida que fluye del trono de Dios y del Cordero, junto con el árbol de la vida que da frutos sanadores para las naciones. En esta descripción, el agua, con su significado maternal, se destaca como un símbolo claro en el contexto mitológico, ya que del agua proviene la vida. Tanto Cristo como Mitra están relacionados con el agua en sus nacimientos, lo que resalta su importancia simbólica como elemento de renovación y vida.

En resumen, el simbolismo materno y acuático permea diversas tradiciones religiosas y mitológicas, representando el ciclo de vida, muerte y renacimiento. La madre se convierte en un símbolo poderoso de regeneración y fecundidad, proporcionando un fundamento profundo para la comprensión de la espiritualidad y la cosmología en diversas culturas a lo largo de la historia.

La noción de que el bosque de la vida, o el árbol de la vida, simboliza una figura materna se deduce claramente de observaciones previas. La relación etimológica entre las palabras ὕo, ὕλε, y υἱός en la raíz indoeuropea sugiere una fusión de los conceptos de madre y creación. El árbol de la vida, en su esencia, representa un linaje, emanando una imagen materna.

Existen numerosos relatos que narran el origen humano a partir de los árboles; varios mitos describen cómo el héroe se encuentra atrapado en el árbol materno: Osiris, encerrado en una columna, Adonis en el mirto, entre otros. Muchas divinidades femeninas eran veneradas en forma de árboles, lo que derivó en el culto hacia bosques y árboles consagrados. Es especialmente simbólico que Atis se autolesionara bajo un pino, un acto realizado por su madre.

Con frecuencia, las diosas eran adoradas como representaciones arbóreas o bosques. Por ejemplo, Juno en Tespias se representaba como una simple rama, mientras que en Samos, era una tabla. Juno de Argos tomaba la forma de una columna. La Diana de Caria era simplemente un trozo de madera sin trabajar. Tertuliano describía a Ceres de Pharos como "rudis palus et informe lignum sine effigie". Ateneo mencionaba a Latona en Dalos como ξύλινον ἄμορφον, un trozo de madera sin forma. Tertuliano refería a una Pallas ateniense como "crucis stipes", un poste o mástil de madera.

Este mástil de madera tiene connotaciones fálicas, como indica su nombre, φάλης, Pallus. El φαλλός representa un poste, un lingam ceremonial tallado en madera de higuera, al igual que las estatuas romanas de Príapo. Φάλος sugiere una prominencia o parte central en el casco, posteriormente denominado κῶνος. Del mismo modo, ἀναφαλ-αντίασις alude a la calvicie en la parte frontal de la cabeza, y φαλακρός a la calvicie en relación con la φάλος-κῶνος del casco; también se le atribuye un significado semifálico a la parte superior del cráneo. Φάλληνος, además de φαλλός, significa "de madera"; φαλ-άγγωμα, "cilindro"; φάλαγξ, "un tronco redondo". La formación de batalla macedonia, conocida por su formidable embestida, se llama φάλαγξ; asimismo, la articulación de los dedos se denomina φάλαγξ. φάλλαινα o φάλαινα se refiere a una ballena. Luego, φαλός adquiere el significado de "brillante, luminoso". La raíz indoeuropea bhale se traduce como abultar, hincharse.

Este simbolismo encapsula la esencia de una libido primitiva, evidenciando la íntima relación entre la libido fálica y la luz. Estas mismas conexiones se encuentran en el Rigveda con respecto a Rudra. Se invoca a Rudra como el señor supremo, el ardiente que acepta las ofrendas, el que envuelve y deambula por el cielo, el vidente. Se le describe como de tez rubicunda, con casco deslumbrante, y se le pide que no someta a la envidia de los rivales. Se entona el canto de alabanza al toro rubicundo, al resplandeciente blanco, y se venera al llameante con respeto. Se canta a Rudra, el ser luminoso, y se pide que su misil no alcance, que su gran descontento evada, que dirija el firme hacia los príncipes y bendiga con las aguas de su fuerza generativa, mostrando benevolencia hacia los hijos y nietos.

Así, se desliza sutilmente del ámbito del simbolismo materno al dominio del simbolismo fálico masculino. Esta dualidad también se refleja en el árbol, incluso en el árbol genealógico, tal como lo evidencian claramente los linajes representados en los árboles genealógicos de la Edad Media. Desde el primer ancestro, el árbol se eleva, simbolizando con su tronco el "miembro viril".

La naturaleza simbólicamente bisexual del árbol se sugiere por la peculiaridad del latín de asignar a los árboles una terminación de género masculino, pese a su género gramatical femenino. Es ampliamente reconocido el significado femenino, particularmente maternal, del bosque, y el carácter fálico de los árboles en los sueños.

Una mujer, de naturaleza nerviosa y después de años de matrimonio, desarrolló una enfermedad ligada a la típica represión de la libido. Tras conocer a un joven con ideas progresistas que le resultaban atractivas, tuvo un sueño en el cual se veía en un jardín con un árbol exótico que llevaba flores o frutas rojas y carnosas. Al comerlas, se horrorizó al pensar que estaban envenenadas. Este sueño se interpreta con facilidad a través del simbolismo ancestral o poético.

El doble significado del árbol radica en que tales símbolos se deben entender desde un punto de vista psicológico, como representaciones de la libido, y no meramente por su forma anatómica. Por tanto, un árbol no debe interpretarse solo como un símbolo fálico; también puede representar a una mujer o al útero materno. La consistencia en su significado proviene de su conexión con la libido. Se entra en un laberinto sin salida al intentar concretar que este símbolo sustituye a la madre y aquel al falo. En este ámbito, no existe un significado absoluto para los objetos. La única constante es la libido, donde "todo lo efímero es solo un símbolo". No se alude a la madre física real, sino a la libido del hijo, cuyo objeto inicial fue la madre.

Los símbolos mitológicos suelen interpretarse de manera demasiado literal, perdiéndose en sus aparentes contradicciones, las cuales surgen al olvidar que en el reino de la fantasía, "el sentimiento es lo primordial". Así, cuando se lee "su madre era una hechicera malvada", lo que en realidad se está diciendo es: El hijo está vinculado emocionalmente a ella, incapaz de liberar su libido de la imagen materna; por ende, enfrenta un conflicto edípico.

El simbolismo del agua y de los árboles, presentes en la representación de la Ciudad, alude también a esa porción de la libido vinculada inconscientemente a la imagen materna. Partes del Apocalipsis desvelan la psicología subyacente del deseo religioso, es decir, el anhelo por la figura materna. La profecía apocalíptica culmina con una visión maternal: καὶ πᾶν κατάθεμα οὐκ ἔσται ἔτι ("y no habrá más maldición"). Un mundo sin pecado, represión, disonancia interna, culpa, temor a la muerte, ni dolor de separación.

El Apocalipsis resuena con la misma armonía mística luminosa que, dos milenios después, fue capturada y plasmada poéticamente en las últimas palabras del Dr. Mariano, citando el Fausto de Goethe:

"Penitentes, elevad la mirada, eufóricos,

hacia donde brilla la redención;

Agradecidos ante el destino bendecido

Crecemos, en recreación

Que nuestras almas, como siempre han sido,

¡Sean consagradas a ti!

Virgen Santa, Madre, Reina,

Diosa, ¡recibe nuestra gracia!"

Ante la magnitud y profundidad de estos sentimientos, surge una pregunta fundamental: ¿Es posible que la tendencia primordial, que la religión compensa, se interprete de manera demasiado limitada como un deseo incestuoso? Ya se ha mencionado que la "resistencia contra la libido" en términos generales se considera equivalente a la prohibición del incesto. La definición exacta de la noción psicológica de incesto queda pendiente de análisis. No obstante, es principalmente el conjunto del mito solar lo que indica que el deseo subyacente, etiquetado como "incestuoso", no se dirige específicamente a la cohabitación sexual, sino más bien al deseo profundo de regresar a la infancia, de buscar nuevamente el amparo paterno, de reintegrarse al útero materno con la esperanza de renacer.

Sin embargo, el incesto emerge como un obstáculo hacia este fin, manifestando la necesidad de reingresar de alguna manera al vientre materno. La manera más directa sería fecundar a la madre para reproducirse de forma idéntica. Aquí es donde interviene la prohibición del incesto; por ende, los mitos sobre el sol o el renacimiento están llenos de alternativas sobre cómo sortear el incesto. Una estrategia común es transformar a la madre en otro ser o rejuvenecerla después del nacimiento, para luego hacerla desaparecer o cambiar nuevamente. No es el acto de cohabitación incestuosa lo que se busca, sino el renacimiento, el cual parece más accesible a través de la cohabitación. Aunque esta podría ser la vía original, no es la única.

La resistencia a la prohibición del incesto estimula la creatividad en la fantasía; por ejemplo, intentar fecundar a la madre con un amuleto mágico de fertilidad. Estos esfuerzos se mantienen en el ámbito de lo mítico, pero culminan en la activación de la imaginación, que gradualmente abre caminos hacia la creación de realidades alternativas donde la libido puede fluir libremente, espiritualizándose en el proceso. Este "mal deseado" da origen a la vida espiritual, y es por esta razón que las religiones sistematizan este proceso.

Resulta revelador observar cómo la religión promueve estas transferencias simbólicas. El Nuevo Testamento brinda un ejemplo claro con Nicodemo y su conversación sobre el renacimiento, quien lo interpreta de manera muy literal, preguntando cómo un hombre puede nacer siendo viejo y si puede entrar de nuevo en el vientre de su madre. Jesús intenta purificar la perspectiva materialista de Nicodemo, elevándola hacia lo espiritual, y le enseña: "Es lo mismo, pero no es lo mismo". Le dice que el que no nazca de agua y del Espíritu, no puede entrar en el reino de Dios, que lo nacido de la carne es carne, y lo nacido del Espíritu es espíritu. Le pide que no se asombre de que le haya dicho que debe nacer de nuevo, y compara el Espíritu con el viento, que sopla donde quiere, del cual se oye su sonido pero no se sabe de dónde viene ni a dónde va.

Nacer del agua implica nacer del útero materno. Nacer del Espíritu se refiere al nacimiento por la fuerza vivificante del viento, según se desprende del texto griego, donde la palabra πνεῦμα significa tanto 'espíritu' como 'viento'. Este simbolismo nace de la misma necesidad que originó la leyenda egipcia de los buitres, fecundados por el viento, un símbolo materno.

Subyace una demanda ética en estas narrativas mitológicas: se debe afirmar que la madre no fue fecundada por un mortal de manera ordinaria, sino por un ser espiritual de forma extraordinaria. Este requerimiento choca con la realidad, y el mito ofrece una solución adecuada. Se narra la historia de un héroe que muere y renace de manera excepcional, alcanzando así la inmortalidad.

La prohibición contra esta fantasía específica sobre la madre manifiesta una necesidad clara, que es simbólicamente reexpresada en relación con el nacimiento, o más bien, con el renacimiento individual a partir de la madre. En el reto de Jesús a Nicodemo se ve claramente esta intención: "No pienses de manera carnal, pues eso te hace carnal; piensa simbólicamente y serás espíritu". Esta orientación hacia el simbolismo puede tener un efecto profundamente educativo y transformador. De no superar esta visión restringida, Nicodemo permanecería atrapado en concepciones básicas, sin acceder al potencial de crecimiento espiritual que ofrecen estos símbolos.

Como un ciudadano promedio de su época, tal vez Nicodemo no estuviera muy dispuesto a hacer este esfuerzo, ya que parece que a los hombres generalmente les basta con reprimir su deseo incestuoso, expresándolo apenas en prácticas religiosas modestas. No obstante, es crucial no solo renunciar y reprimir, quedando atrapados en el lazo incestuoso, sino liberar y canalizar esas energías dinámicas ligadas al incesto hacia la realización personal. El hombre requiere de toda su libido para expandir los límites de su personalidad y así alcanzar su máximo potencial.

Los mitos religiosos señalan los caminos para liberar la libido incestuosamente fijada. En este sentido, Jesús enseña a Nicodemo: "Piensas en tu deseo incestuoso de renacer, pero debes entender que naces del agua y del Espíritu, participando así de la vida eterna".

La libido que permanece latente en el vínculo incestuoso reprimido y en el temor a la ley y al Padre Dios vengador puede ser redirigida hacia la sublimación a través del simbolismo del bautismo (simbolizando el nacimiento del agua) y de la generación (representando el nacimiento espiritual) mediante el símbolo del descenso del Espíritu Santo. De este modo, el individuo renace como un niño y se integra en una comunidad de hermanos y hermanas; sin embargo, su madre es la "comunión de los santos", es decir, la Iglesia, y su fraternidad se extiende a la humanidad, con la que se reconecta a través de la herencia compartida del simbolismo primordial.

En la época en que surgió el cristianismo, este proceso parecía especialmente necesario, ya que, debido al marcado contraste entre la esclavitud y la libertad delos ciudadanos y sus amos, la conciencia del vínculo común de la humanidad se había desvanecido completamente. Una de las razones fundamentales de la intensa regresión a la infancia en el cristianismo, que coincide con el resurgimiento del problema del incesto, probablemente radicaba en la profunda devaluación de la mujer. En aquel entonces, la sexualidad era tan fácilmente accesible que resultaba en una devaluación excesiva del objeto sexual.

El cristianismo fue el primero en reconocer la existencia de valores personales, aunque incluso en la actualidad hay muchas personas que no lo han hecho. Sin embargo, la devaluación del objeto sexual obstaculiza la liberación de la libido que no puede ser satisfecha a través de la actividad sexual, ya que pertenece a un nivel superior ya desexualizado. Por tanto, la libido, después de haber asociado durante mucho tiempo a "Helena en cada mujer", se embarca en la búsqueda de algo difícil de obtener, la meta adorada pero quizás inalcanzable, que en el inconsciente representa a la madre. Así, resurgen cada vez más las necesidades simbólicas, basadas en la resistencia al incesto, que transforman rápidamente el hermoso y pecaminoso mundo de los dioses olímpicos en misterios incomprensibles, oníricos y oscuros, alejando mucho de los sentimientos religiosos del mundo romano-griego.

La importancia de Jesús en persuadir a Nicodemo de aceptar la percepción simbólica de las cosas, es decir, en reprimir y ocultar los hechos reales, muestra cómo la historia de la civilización se vio influenciada por esta manera de pensar, generando una reacción en contra del descubrimiento psicológico del verdadero trasfondo del simbolismo, tanto neurótico como normal.

Siempre se encuentra la sexualidad como un tema desagradable, representando algo mancillado para las personas moralmente justas. Sin embargo, menos de 2.000 años atrás, el culto religioso a la sexualidad estaba en pleno apogeo. Aunque los antiguos paganos no entendían completamente lo que estaban haciendo, la naturaleza del poder religioso no cambia de una era a otra. Si se han experimentado los contenidos sexuales de los cultos antiguos, y se comprende que la experiencia religiosa de la antigüedad implicaba una unión con el Dios antiguo a través de un coito más o menos concreto, es difícil suponer que las fuerzas impulsoras de una religión se hayan transformado completamente desde el nacimiento de Cristo.

El cristianismo, al reprimir lo sexualmente manifiesto, se opone al antiguo culto sexual, transformando sus símbolos. Es evidente cuánto del paganismo homosexual, incluso la inclusión de dioses indecentes, se ha infiltrado en la iglesia cristiana. El antiguo Príapo, conocido por su lascivia, fue objeto de una festividad de resurrección en honor a San Tychon. Incluso santos como Cosme y Damián, aceptaron el "miembro viril" de cera como ofrenda en su festividad. Las reminiscencias del antiguo culto fálico resurgen para ser adoradas en las capillas rurales, sin mencionar el resto del paganismo.

Algunos aún no han aceptado la sexualidad como una función equiparable al hambre y consideran vergonzoso que ciertas instituciones tabú, anteriormente consideradas asexuadas, ahora sean reconocidas como llenas de simbolismo sexual. Estas personas están condenadas a darse cuenta de que este sigue siendo el caso, a pesar de su revuelta. Es necesario comprender que el pensamiento psicoanalítico simplifica y resuelve estas estructuras simbólicas que se han vuelto complicadas a lo largo del tiempo. Esto implica una reducción que sería intelectualmente gratificante si se aplicara a otro objeto, pero aquí se convierte en angustiante, no solo estéticamente, sino también éticamente, ya que las represiones que se deben superar fueron impulsadas por las mejores intenciones.

Se debe empezar a superar la virtud, con el temor de caer en la depravación del otro extremo. Es cierto que la virtud a menudo se compensa internamente con una tendencia hacia la bajeza; muchos moralistas conservan interiormente una virtud empalagosa y una megalomanía moral. Ambas categorías de personas se convierten en esnobs cuando se enfrentan al análisis psicológico, ya que los moralistas imaginan un juicio objetivo y barato sobre la sexualidad, mientras que los inmorales ignoran la vulgaridad de su sexualidad y su incapacidad para un amor desinteresado. Es fácil olvidar que se puede caer miserablemente, no solo por un vicio, sino también por una virtud. Existe un fariseísmo fanático y orgiástico que es tan bajo y conlleva tanta injusticia y violencia como un vicio.

En este momento, cuando una parte considerable de la humanidad está empezando a alejarse del cristianismo, es importante comprender por qué fue aceptado en primer lugar. Fue aceptado como una vía para escapar de la brutalidad de la antigüedad. Sin embargo, al desecharlo, se ve el regreso al libertinaje, como lo evidencia la vida en las grandes ciudades modernas. Este paso no representa un avance, sino un retroceso. Es similar a individuos que han abandonado una forma de transferencia sin encontrar una nueva. Sin duda, retrocederán al antiguo camino de la transferencia, lo cual les causará un gran perjuicio, ya que el mundo que los rodea ha cambiado esencialmente desde entonces.

Quienes se sienten repelidos por la debilidad histórica y filosófica del dogmatismo cristiano y por la vacuidad religiosa de un Jesús histórico del cual se sabe poco y cuyo valor religioso es una mezcla de influencias talmúdicas y de sabiduría helénica, al descartar el cristianismo y, con él, la moral cristiana, se enfrentan sin duda al antiguo problema del libertinaje. Hoy en día, aunque muchos individuos se sienten frenados por una opinión pública hipócrita y prefieren llevar una vida secreta y apartada mientras representan públicamente la moralidad, podría ser diferente si las personas en general encontraran la máscara moral demasiado tediosa y se dieran cuenta del peligroso juego de sus propias pasiones. Entonces, un frenesí de desmoralización podría extenderse por la humanidad. Este es el sueño, o más bien el deseo, del hombre moralmente reprimido, que olvida la necesidad que lo oprime y le roba el aliento, y que, con una mano severa, interrumpe cualquier pasión.

No se desea reducir la libido a estadios primitivos ya superados, olvidando completamente la miseria que esto acarrearía para la humanidad. De hecho, algunos individuos se dejarían llevar por el antiguo frenesí de la sexualidad, liberados del peso de la culpa, para su propio perjuicio. Sin embargo, se conoce bien el regulador más efectivo y despiadado de la sexualidad humana: la necesidad. Con esta pesada carga de plomo, la lujuria humana nunca alcanzará alturas excesivas.

Hoy en día, hay innumerables neuróticos que lo son simplemente porque no saben cómo buscar la felicidad a su manera. Ni siquiera reconocen dónde reside la carencia. Además de estos neuróticos, hay muchas personas normales, especialmente del tipo superior, que se sienten restringidas y descontentas. Para todos ellos, es necesario reducir la complejidad de sus deseos sexuales, para que puedan reconectarse con su ser primitivo y aprender a comprender y valorar su relación con su personalidad en su totalidad. Solo entonces podrán cumplir con ciertas demandas y rechazar otras como inapropiadas debido a su naturaleza infantil. De esta manera, el individuo llegará a darse cuenta de que ciertas cosas deben ser sacrificadas en un nivel diferente.

Nos imaginamos que hemos dejado atrás y sacrificado nuestro deseo de incesto, que ya no queda nada de él. Sin embargo, no nos damos cuenta de que, de manera inconsciente, seguimos cometiendo incesto en otro ámbito. En los símbolos religiosos, por ejemplo, encontramos este incesto. Consideramos que el deseo incestuoso se ha desvanecido y perdido, solo para redescubrirlo con toda su fuerza en la religión. Este proceso o transformación ha ocurrido inconscientemente a lo largo del desarrollo secular.

Así como se mostró que una transformación inconsciente similar de la libido es éticamente carente de valor, y se comparó con el cristianismo en la antigua Roma, donde evidentemente el libertinaje y la brutalidad eran fuertemente rechazados, aquí se debe señalar con respecto a la sublimación del deseo incestuoso, que la creencia en el simbolismo religioso ya no es un ideal ético; más bien, es una transformación inconsciente del deseo incestuoso en actos y conceptos simbólicos que engañan a los hombres, permitiéndoles satisfacer su deseo de incesto sin ser conscientes de ello. Este estado sería sin duda ideal si no fuera infantil y, por lo tanto, unilateral, manteniendo una actitud infantil.

El opuesto a esta idealización es la ansiedad. Se habla mucho sobre las personas piadosas que permanecen firmes en su confianza en Dios y que caminan por la vida con una seguridad inquebrantable y bendecida. Sin embargo, esto es más bien una figura deseada. La norma es una gran incertidumbre entre los creyentes, que discuten fervorosamente entre ellos o con otros; además, luchan con dudas religiosas, incertidumbre moral, dudas sobre su propia personalidad, sentimientos de culpa y, lo más profundo de todo, un gran temor hacia el aspecto opuesto de la realidad, contra el cual las personas más inteligentes luchan con todas sus fuerzas. Este otro lado es el diablo, el adversario o, en términos modernos, el corrector de la realidad, de la imagen infantil del mundo, que se ha vuelto aceptable gracias al predominio del principio del placer.

Pero el mundo no es un paraíso de Dios, no es paternal, sino que está lleno de terrores. Ni el cielo es paterno ni la tierra es materna, ni las personas son hermanas y hermanos, sino que representan poderes hostiles y destructivos, a los cuales se está abandonado con mayor seguridad cuanto más infantil e irreflexivamente nos entregamos a la llamada mano paternal de Dios. Nunca se debe olvidar el discurso severo del primer Napoleón, que afirmaba que Dios siempre está del lado de la artillería más pesada.

El mito religioso se presenta como una de las instituciones humanas más importantes y significativas. A pesar de sus símbolos engañosos, proporciona al hombre seguridad y fortaleza para no sucumbir ante los monstruos del universo. El símbolo, desde el punto de vista de la verdad literal, puede ser engañoso, pero es psicológicamente verdadero, ya que ha sido y es el puente hacia los mayores logros de la humanidad.

Sin embargo, esto no significa que la transformación inconsciente del deseo de incesto en prácticas religiosas sea la única forma posible. También existe un reconocimiento y comprensión conscientes que permiten canalizar esa libido ligada al incesto hacia prácticas religiosas, sin necesidad del escenario del simbolismo religioso. Es concebible que, en lugar de hacer el bien a los semejantes por "amor a Cristo", se haga desde el entendimiento de que la humanidad, incluyendo a uno mismo, no podría existir si no se pudiera sacrificar por el otro. Este sería el camino hacia la autonomía moral, hacia la libertad perfecta, donde el hombre desearía lo que debe hacer sin coerción, y esto desde el conocimiento, sin engaño por creencias en símbolos religiosos.

La creencia en el símbolo mantiene en un estado infantil y, por lo tanto, éticamente inferior. Aunque culturalmente importante y estéticamente hermoso, este engaño ya no puede satisfacer éticamente a una humanidad que lucha por su autonomía moral.

El peligro moral e infantil radica en la creencia en el símbolo, ya que a través de él se dirige la libido hacia una realidad imaginaria. Simplemente negar el símbolo no cambia nada, ya que la disposición mental sigue siendo la misma; simplemente se elimina el objeto peligroso. Pero el objeto en sí no es peligroso; el peligro reside en el propio estado mental infantil, al cual se ha sacrificado algo valioso y astuto mediante la simple renuncia al símbolo religioso.

La creencia debería ser reemplazada por la comprensión; de esta manera, se conservaría la belleza del símbolo pero se estaría libre de los resultados deprimentes de someterse a la creencia. Esta sería la cura psicoanalítica para la creencia y la incredulidad.

La visión que sigue a la ciudad es la de un "extraño abeto de ramas nudosas". Después de todo lo que se ha aprendido sobre el árbol de la vida y sus asociaciones con la ciudad y las aguas de la vida, esta visión no parece extraordinaria. Este árbol especial parece continuar la categoría de los símbolos maternos. El atributo "extraño" probablemente significa, como en los sueños, un énfasis especial, es decir, un material complejo subyacente especial. Lamentablemente, no se proporcionan detalles adicionales al respecto. Dado que el árbol, sugerido previamente en el simbolismo de la ciudad, se acentúa especialmente a través del desarrollo posterior de las visiones, se considera necesario discutir en cierta extensión la historia del simbolismo del árbol.

Desde tiempos inmemoriales, los árboles han tenido un papel crucial en los mitos y cultos de diversas culturas. Entre ellos, destaca el árbol del paraíso o de la vida, presente en tradiciones como la babilónica y la judía. Antes de la era cristiana, se veneraban árboles específicos como el pino de Atis y los árboles sagrados de Mitra, sin olvidar el Ygdrasil de la mitología germánica. La tradición de colgar imágenes en estos árboles sagrados, como la de Atis en el pino o el mito del sacrificio de Odín, muestra que la crucifixión de Cristo comparte raíces con estos antiguos rituales. En estas narraciones, la cruz representa simultáneamente la vida y la muerte, simbolizando un renacimiento.

La costumbre de enterrar a los muertos en árboles huecos, reflejada en el término alemán "Totenbaum" para designar un ataúd, subraya esta conexión entre la muerte y el renacimiento. El árbol, como símbolo maternal, evoca la idea de regreso al origen para una nueva vida.

El mito de Osiris, detallado por Plutarco, es un ejemplo claro de estos simbolismos. En este relato, Osiris e Isis, aún en el vientre de su madre Rea, encarnan el incesto como preludio a una saga de muerte y renacimiento. Osiris, engañado por Tifón, encuentra su fin en un cofre lanzado al Nilo, lo que no impide su unión incestuosa en el más allá con Neftis, otra de sus hermanas. Este ciclo de vida, muerte y renacimiento se refleja en la prohibición del incesto y en la figura de la "madre terrible", donde el deseo prohibido hacia la madre se proyecta en forma de culpa y miedo.

El relato se enriquece con el episodio en el que el cofre de Osiris es encerrado por una erica, transformándose en un espléndido árbol bajo el cual Isis, en su luto, revolotea como una golondrina. Este motivo del dios muerto que renace, celebrado con alegría tras un período de lamento, se repite a lo largo de la historia y las culturas, simbolizando la eterna lucha contra la muerte y el anhelo de inmortalidad.

La lucha interna por la liberación de la influencia materna

Después de un breve intervalo en el que las visiones de la soñadora parecen cesar, la actividad de su inconsciente se reactiva con notable intensidad. La imagen que surge ahora es la de un bosque repleto de árboles y arbustos frondosos. Considerando lo discutido en el capítulo anterior, es evidente que el simbolismo del bosque se alinea estrechamente con el significado del árbol sagrado. En muchas tradiciones, el árbol sagrado se encuentra dentro de un enclave boscoso sagrado o en el mismísimo jardín del Edén. El bosque sagrado a menudo sustituye al árbol tabú, adoptando todos sus atributos simbólicos. El significado erótico asociado al jardín es ampliamente reconocido. Al igual que el árbol, el bosque posee un profundo significado maternal en el ámbito mitológico. En la visión subsiguiente, el bosque se convierte en el escenario de una dramática representación del destino del héroe Chiwantopel, desarrollándose así cerca o dentro del arquetipo de la "madre".

A continuación, se describe el inicio del drama tal como se presenta en el material original, hasta el primer intento de sacrificio. En el comienzo del siguiente capítulo, se encontrará la continuación, incluyendo el monólogo y la escena culminante del sacrificio. El drama se inicia de la siguiente manera:

"Chiwantopel, llegando desde el sur a caballo, está envuelto en un manto de vivos colores: rojo, azul y blanco. Un indio ataviado con una vestimenta de piel de ciervo, engalanada con cuentas y plumas, se acerca, se agacha y prepara su arco para lanzar una flecha hacia Chiwantopel. Este, desafiante, expone su pecho, y el indio, cautivado por la escena, retrocede y se esfuma entre los árboles del bosque".

El protagonista, Chiwantopel, se presenta montando a caballo, un detalle que cobra importancia ya que, como se revela en el desarrollo posterior del drama (véase el capítulo VIII), el caballo no solo desempeña un papel crucial, sino que comparte el mismo destino trágico que el héroe, llegando a ser denominado "hermano fiel" por Chiwantopel. Esta relación destaca una similitud notable entre el caballo y su jinete, sugiriendo una conexión profunda que los conduce hacia un destino compartido. Ya se ha observado cómo la representación de "la libido en resistencia" a través del arquetipo de la "madre terrible" en algunos casos se equipara con la imagen del caballo. Sin embargo, sería inexacto afirmar que el caballo simplemente representa o simboliza a la madre. La noción de la madre es un símbolo de la libido, y el caballo también lo es, cruzándose ambos símbolos en ciertos puntos de su significado. La conexión entre estas dos ideas radica en la libido, en particular, en la libido reprimida relacionada con el complejo del incesto.

En este contexto, tanto el héroe como el caballo emergen como representaciones artísticas de la humanidad y su libido reprimida, lo que otorga al caballo un significado ligado al inconsciente animal, domado y sometido a la voluntad humana. Figuras como Agni montando un carnero, Wotan sobre Sleipnir,

Ahuramazda sobre Angromainyu, Yahvé sobre un serafín monstruoso, Cristo sobre un asno, Dioniso también sobre un asno, Mitra sobre un caballo, y Freyr sobre un jabalí de cerdas doradas, entre otros, son representaciones paralelas en diversas mitologías, donde los equinos y otros animales montados adquieren un profundo simbolismo, a menudo antropomorfizados.

Por ejemplo, el caballo de Mên posee extremidades delanteras humanas; el asno de Balaam habla; y según una leyenda persa, el toro que Mitra derriba es en realidad el propio dios. Incluso existen representaciones que muestran al crucificado con cabeza de asno, posiblemente haciendo referencia a antiguas leyendas sobre la adoración de un asno en el templo de Jerusalén. La figura de Wotan, como Drosselbart (crin de caballo), combina elementos humanos y equinos.

El caballo, dotado de propiedades psicológicas que se atribuyen al inconsciente humano, como la clarividencia, la capacidad de encontrar el camino en situaciones de pérdida, o incluso predecir eventos futuros, refleja manifestaciones típicas del inconsciente. Este vínculo con lo profundo y primitivo también conecta al caballo con representaciones del diablo, que a menudo toma formas equinas o caprinas, subrayando la asociación del caballo con aspectos fálicos y sexuales en diversas culturas y mitologías.

Así, el caballo en estas narrativas no solo simboliza el aspecto animal y primitivo del hombre sino que también se entrelaza con conceptos de muerte, renacimiento y lo diabólico, reflejando complejas capas de significado en la psique humana y en la simbología cultural a lo largo de la historia.

Pegaso, con su golpe, hace surgir la fuente Hipocrene de la tierra. En una estatua corintia de Belerofonte, que también era una fuente, el agua brotaba del casco del caballo. De manera similar, el caballo de Balder origina un manantial con su patada. Así, el pie del caballo se convierte en un símbolo dispensador de humedad fecunda. Según una leyenda de la Baja Austria, la aparición de un hombre gigante montando un caballo blanco sobre las montañas presagia una lluvia inminente. En la mitología alemana, la diosa del nacimiento, Frau Holle, se manifiesta a caballo, y es tradición que las mujeres embarazadas, deseando un parto veloz, ofrezcan avena a un caballo blanco desde sus delantales. Originalmente, el rito implicaba que el caballo se restregara contra los genitales de la mujer, subrayando el papel del caballo (y del asno) como símbolos priápicos.

Las huellas de caballo, veneradas como ídolos que proporcionan bendiciones y fertilidad, establecían derechos y demarcaciones territoriales, al igual que los priaps en la antigua Roma. El caballo, al abrir con su pezuña los minerales de los montes Harz, recuerda al fálico Dactyli. La herradura, equivalente a la pata de caballo, es considerada un amuleto de buena suerte y protección. En los Países Bajos, colgar una pata de caballo completa en el establo se cree que protege de la brujería, un efecto similar al del falo, empleado tradicionalmente para alejar el mal.

El caballo, simbolizando el viento y, por extensión, la libido, se asocia con el cazador salvaje persiguiendo a la doncella en leyendas alemanas. Los centauros, representados por artistas como Böcklin, son dioses del viento. El fuego y la luz también se atribuyen a los caballos, como los caballos solares de Helios. Los nombres de los caballos de Héctor evocan brillo, rapidez y ardor, reflejando un fuerte simbolismo del fuego.

La cuadriga mística, con su representación del fuego celeste y los cuatro elementos, simboliza la conflagración y el diluvio mundiales, eventos que restauran la unidad divina. Este simbolismo se extiende al tiempo, relacionando el destino con el fuego en filosofías como el estoicismo. El Brihadâranyaka-Upanishad describe el caballo del sacrificio como una metáfora del tiempo y el cosmos, integrando diversos elementos naturales y cósmicos en su simbolismo.

En la religión mitraica, Aion (Kronos o Deus Leontocephalus), dios del tiempo, se representa con cabeza de león, simbolizando el deseo intenso, y enroscado por una serpiente, que enfrenta al león en la batalla solar contra el dragón. Este complejo simbolismo del caballo abarca la fertilidad, protección, elementos naturales y el tiempo, reflejando la profunda interconexión entre estos conceptos en la mitología y la psique humana.

En el contexto del Libro de los Muertos egipcio, Tum es descrito como un gato macho, lo cual es relevante por su lucha contra la serpiente Apofis. Esta imagen alude no solo al combate sino también al simbolismo de ser engullido, representando una vuelta al vientre materno. De este modo, el tiempo se conceptualiza a través de los ciclos de nacimiento y muerte, o más específicamente, la muerte y renovación de la libido. La inclusión del gallo refuerza la noción de tiempo, mientras que la presencia de herramientas sugiere la creación a lo largo del tiempo, tal como lo concibe Bergson con su idea de la "Durée créatrice". Oromazdes y Ahriman emergen de Zrwanakarana, la "duración infinitamente larga", ejemplificando cómo el tiempo, una entidad abstracta y formal, se manifiesta en los misterios a través de transformaciones de la libido, la energía creativa.

Macrobio y Filón de Alejandría destacan cómo el tiempo, a menudo malinterpretado por los seres humanos, oculta la verdadera esencia del ser, siendo para algunos la causa del cosmos, mientras que para los sabios y virtuosos, es Dios mismo quien se manifiesta. En Firdusi, el tiempo frecuentemente simboliza el destino, cuya relación con la libido ha sido reconocida. El texto hindú mencionado amplía esta simbología al representar al caballo como un microcosmos; su relación con el mar evoca la imagen de la madre o el alma del mundo, una fuente de vida y renovación constantes, similar al símbolo cristiano de Cristo moribundo y resucitado.

El caballo, vinculado al simbolismo del árbol Yggdrasil, se convierte tanto en un "árbol de la muerte" como en un psicopompo, guiando las almas hacia el más allá. El caballo de Troya, como medio de conquista, subraya la idea de que solo renaciendo del útero materno se alcanza la verdadera invencibilidad. Este concepto se refleja en amuletos y rituales mágicos que sugieren la superación de dificultades a través del retorno simbólico al útero.

Además, la figura del diablo o la diosa de la muerte Hel montando caballos trípodes, junto con el asno trípode en el lago Vourukasha, enfatiza el simbolismo fálico y la dualidad de la libido como fuente de vida y muerte. Estos elementos, en su conjunto, ilustran la complejidad del caballo como símbolo, abarcando aspectos tanto fálicos como maternos, y su papel en representar la libido restringida por la prohibición del incesto.

En la obra de la soñadora, un indio se aproxima al protagonista listo para dispararle una flecha. Sin embargo, Chiwantopel, con gesto orgulloso, expone su pecho al enemigo. Este episodio evoca una escena similar entre Casio y Bruto en "Julio César" de Shakespeare. Se produce un malentendido entre los dos amigos cuando Bruto reprocha a Casio por haberle negado dinero para las legiones. Casio, irritado y furioso, estalla en quejas, ofreciendo dramáticamente su propio pecho para que Bruto lo apuñale, en un gesto teatral e infantil.

La interpretación analítica de la irritabilidad de Casio revela claramente que en esos momentos se identifica con la figura materna, y su comportamiento, por ende, es genuinamente femenino. Su búsqueda de afecto maternal y su desesperado sometimiento a la voluntad orgullosa de Bruto sugieren la observación de este último de que Casio está ligado a un cordero, lo que implica una debilidad en su carácter que proviene de la madre. Esto se reconoce como los rasgos de una disposición infantil, la cual se caracteriza por un predominio del imago materno en lugar del imago paterno. Un individuo con una disposición infantil actúa de manera similar a un niño frente a sus padres, exigiendo constantemente amor y gratificación inmediata por sus emociones, y se identifica estrechamente con ellos debido a su conexión. Estos individuos no pueden vivir independientemente ni encontrar su propio lugar en el mundo, comportándose tanto como el padre como la madre. Por lo tanto, Bruto acertadamente asume que es la "madre" en Casio quien le reprende, no él mismo. El aspecto psicológicamente relevante que se destaca aquí es la revelación de que Casio es infantil y se identifica con la figura materna. Su comportamiento histérico se debe al hecho de que Casio sigue siendo, en parte, un cordero, un niño inocente y completamente inofensivo. En términos de sus emociones, aún no ha alcanzado su plena madurez. Este fenómeno es común entre personas que, aunque aparentemente dominan la vida y a los demás, todavía mantienen actitudes infantiles en lo que respecta a sus necesidades emocionales.

Las figuras en los dramas de la soñadora, al ser proyecciones de su propia fantasía, naturalmente representan aquellos rasgos de carácter que le pertenecen. El héroe, como figura del deseo, es retratado como el más destacado, ya que combina en sí mismo todos los ideales anhelados. La actitud de Cyrano en otro relato es ciertamente hermosa e impresionante; mientras que el comportamiento de Casio tiene un efecto teatral. Ambos héroes se preparan eficazmente para morir, un intento en el que Cyrano triunfa. Esta actitud revela un deseo de muerte en el inconsciente de la soñadora, cuyo significado ya se ha explorado ampliamente como un motivo en su poema sobre la polilla. El deseo de morir de los jóvenes es simplemente una expresión indirecta, que incluso en la muerte real sigue siendo una pose, ya que la muerte misma puede ser vista como una pose. Este desenlace solo agrega belleza y valor a la pose en circunstancias específicas. Es bien sabido que la cima más alta de la vida se expresa a través del simbolismo de la muerte, ya que la creación más allá de uno mismo implica la muerte personal. La generación venidera es el fin de la anterior. Este simbolismo es frecuente en el discurso erótico.

Este simbolismo es sumamente significativo, ya que muestra cómo una expresión contrastante puede surgir fácilmente y ser igualmente comprensible y característica. El gesto orgulloso con el que el héroe se ofrece a la muerte puede ser fácilmente una expresión indirecta que desafía la compasión o simpatía del otro, y por lo tanto está sujeto a la tranquila reducción analítica a la que procede Bruto en la obra teatral. El comportamiento de Chiwantopel también es sospechoso, ya que la escena de Casio que le sirve de modelo revela indiscretamente que todo el asunto es meramente infantil y que su origen se debe a una hiperactiva imago materna. Si se compara esta pieza con la serie de símbolos maternos descubiertos en el capítulo anterior, se debe afirmar que la escena de Casio solo confirma una vez más lo que ya se había supuesto, es decir, que la fuerza motriz detrás de estas visiones simbólicas surge de una transferencia materna infantil, es decir, de un vínculo no desligado con la madre.

En el drama, la libido, en contra En el drama, la libido, en contradicción con la naturaleza pasiva de los símbolos anteriores, asume una actividad amenazante, evidenciándose un conflicto en el que una parte amenaza a la otra con el asesinato. El héroe, como imagen ideal de la soñadora, está inclinado a morir; no teme a la muerte. Dada la naturaleza infantil de este héroe, lo más probable es que llegue el momento de que abandone el escenario, o en términos infantiles, que muera. La muerte llega en forma de flecha. Considerando que los propios héroes a menudo son grandes arqueros o sucumben a una flecha (como San Sebastián, por ejemplo), no está de más investigar el significado de la muerte por flecha.

En las biografías de místicos cristianos, como la monja estigmatizada Catalina Emmerich, se encuentran descripciones de enfermedades neuróticas del corazón, donde el sufrimiento se siente como si este estuviera constantemente siendo atravesado por flechas. Estas flechas representan el tormento mental aún mayor, ya que Catalina reconocía en ellas los pensamientos, conspiraciones, palabras secretas, malentendidos, escándalos y falta de caridad en los que sus compañeras, sin razón ni escrúpulos, estaban implicadas en contra de ella y su vida devota a Dios.

Ser santo es una tarea difícil, pues incluso una naturaleza paciente y sufrida no soporta fácilmente tal violación y busca defenderse de alguna manera. La tentación es compañera inseparable de la santidad, pues ningún verdadero santo puede vivir sin ella. Se sabe por experiencia analítica que estas tentaciones pueden manifestarse inconscientemente, de modo que solo sus equivalentes se hacen evidentes en la conciencia en forma de síntomas. Es proverbial que el corazón y la inteligencia (Herz y Schmerz) estén íntimamente relacionados. También es bien sabido que los histéricos convierten el dolor mental en dolor físico. La biógrafa de Emmerich ha comprendido esto correctamente, aunque su interpretación del dolor está proyectada como suele ocurrir. Según su relato, siempre son los demás quienes secretamente proyectan toda clase de maldades sobre Catalina, y ella interpreta que esto le provoca sus dolores. Sin embargo, la situación tiene un matiz algo diferente. La renuncia extremadamente difícil a todas las alegrías de la vida, esta "muerte antes de florecer", suele ser dolorosa, y especialmente dolorosos son los deseos no cumplidos y los intentos de la naturaleza animal de superar el poder de la represión. Los cotilleos y burlas de las hermanas naturalmente se centran en estas cuestiones tan dolorosas, por lo que Catalina podría haber atribuido sus síntomas a esto. Por supuesto, ella no podía saber que los cotilleos tienden a jugar el papel del inconsciente, que siempre, como un adversario astuto, apunta a las verdaderas vulnerabilidades de la persona.

Un pasaje del Buda Gautama encapsula esta idea:

"Un deseo sinceramente deseado,

Producido por la voluntad y alimentado,

Cuando gradualmente debe ser frustrado,

se clava como una flecha en la carne".

Las flechas hirientes y dolorosas no provienen del exterior a través de habladurías que solo atacan desde afuera, sino que proceden de una emboscada dentro del propio inconsciente. Esto, más que cualquier cosa externa, es lo que causa el sufrimiento indefenso. Son los propios deseos reprimidos y no reconocidos los que supuran como flechas en la carne. En este sentido, la monja comprendió claramente esta idea de manera literal. Es bien sabido, y no requiere mayor confirmación para aquellos que comprenden, que estas escenas místicas de unión con el Salvador frecuentemente se entremezclan con una gran cantidad de libido sexual. Por lo tanto, no sorprende que la escena de los estigmas no sea más que una incubación a través del Salvador, ligeramente modificada metafóricamente en comparación con la antigua concepción de la "unio mystica" como cohabitación con Dios.

La herida causada por la propia flecha representa, en primer lugar, el estado de introversión. Ya se entiende lo que esto implica: la energía vital se sumerge en sus "propias profundidades" (una comparación conocida de Nietzsche) y encuentra allá abajo, en las sombras del inconsciente, el reemplazo del mundo superior que ha abandonado: el mundo de los recuerdos ("en medio de cien memorias"), siendo las más poderosas e influyentes las primeras imágenes de la memoria infantil. Es el mundo del niño, este estado paradisíaco de la primera infancia, del cual se está separado por una ley severa. En este reino subterráneo yacen los dulces sentimientos del hogar y las inagotables esperanzas de todo lo que está por venir. Como dice un personaje en una obra de teatro:

"Hay una canción perdida y olvidada,

Una canción del hogar, una canción de amor infantil,

Sacada de las profundidades del pozo de las hadas,

Conocida por todos, pero aún no escuchada".

Sin embargo, como advierte Mefistófeles, "El peligro es grande". Estas profundidades son tentadoras; son la madre y la muerte. Cuando la energía vital abandona el brillante mundo superior, ya sea por elección del individuo o por debilitamiento de la fuerza vital, entonces se sumerge nuevamente en sus propias profundidades, en la fuente de la cual brotó, y regresa a ese punto de escisión, el ombligo, por donde una vez entró en este cuerpo. Este punto de escisión se llama la madre, porque de ella proviene la fuente de la energía vital. Por lo tanto, cuando se debe llevar a cabo alguna gran tarea, ante la cual el hombre débil retrocede, dudoso de sus fuerzas, su energía vital vuelve a esa fuente, y este es el momento peligroso, en el que tiene lugar la elección entre la aniquilación y la nueva vida. Si la energía vital permanece atrapada en el maravilloso reino del mundo interior, entonces el hombre se ha convertido para el mundo superior en un fantasma, entonces está prácticamente muerto o desesperadamente enfermo. Pero si la energía vital logra liberarse y empujar hacia el mundo superior, entonces ocurre el milagro. Este viaje a los infiernos ha sido una fuente de juventud, y una nueva fertilidad brota de su aparente muerte. Este línea de pensamiento está bien representada en un mito hindú: Una vez, Vishnu se sumió en un éxtasis (introversión) y durante este estado de sueño dio a luz a Brahma, quien, sentado sobre la flor de loto, emergió del ombligo de Vishnu, trayendo consigo los Vedas, que leyó diligentemente. (Nacimiento del pensamiento creativo a partir de la introversión.) Pero a través del éxtasis de Vishnu, un diluvio devorador llegó sobre el mundo. (Devoración a través de la introversión, que simboliza el peligro de entrar en la madre de la muerte). Un demonio, aprovechando el peligro, robó los Vedas a Brahma y los escondió en las profundidades. (Devoración de la energía vital.) Brahma despertó a Vishnu, y este, transformándose en pez, se sumergió en la inundación, luchó contra el demonio (batalla con el dragón), lo venció y recuperó los Vedas. (Tesoro obtenido con dificultad).

La autoconcentración y la fuerza derivada de ella corresponden a esta corriente de pensamiento primordial. También explica numerosos ritos sacrificiales y mágicos de los que ya se ha hablado ampliamente. Así, la inexpugnable Troya cae porque los sitiadores se ocultan dentro del vientre de un caballo de madera; porque solo aquel es un héroe que renace de la madre, como el sol. Pero el peligro de esta empresa queda demostrado por la historia de Filoctetes, quien era el único en la expedición troyana que conocía el santuario oculto de Crise, donde los griegos planeaban sacrificar para asegurar un final seguro a su empresa. Crise era una ninfa que amaba a Filoctetes y lo maldijo porque despreció su amor. Esta proyección característica debe remitirse al deseo incestuoso reprimido del hijo, que se representa a través de la proyección como si la madre tuviera el deseo maligno, por cuyo rechazo el hijo fue entregado a la muerte. En realidad, sin embargo, el hijo se vuelve mortal al separarse de la madre. Su miedo a la muerte, por tanto, corresponde al deseo reprimido de regresar a la madre, y le hace creer que la madre lo amenaza o lo persigue. El significado teleológico de este miedo a la persecución es evidente; se trata de mantener separados al hijo y a la madre.

La maldición de Crise se cumple en la medida en que Filoctetes, según una versión, al aproximarse a su altar, se hiere en el pie con una de sus propias flechas venenosas mortales, o, según otra versión, es mordido en el pie por una serpiente venenosa. Desde entonces está enfermo.

Esta herida tan característica, que también destruyó a Rê, se describe de la siguiente manera en un himno egipcio:

"El antiguo de los dioses movió su boca,

arrojó su saliva sobre la tierra,

Y lo que escupió, cayó al suelo.

Con sus manos Isis amasó eso y la tierra

Que estaba a su alrededor, juntos:

De eso creó un venerable gusano,

y lo hizo como una lanza.

No lo enroscó vivo alrededor de su cara,

sino que lo arrojó enroscado sobre el camino,

Sobre el cual el gran Dios vagó a sus anchas

Por todas sus tierras.

"El venerable Dios salió radiante,

Los dioses que servían al Faraón le acompañaron,

Y procedió como cada día.

Entonces el venerable gusano le picó....

El divino Dios abrió su boca

Y la voz de su majestad resonó hasta el cielo.

Y los dioses exclamaron: ¡Mirad!

Entonces no pudo responder,

Sus mandíbulas castañeaban,

Todos sus miembros temblaron

Y el veneno se apoderó de su carne,

como el Nilo se apodera de la tierra".

En este canto, Egipto revela nuevamente una antigua interpretación del peligro que representa la serpiente. La idea de que el sol al envejecer en otoño refleja la vejez humana se vincula simbólicamente con la madre a través del veneno de la serpiente. Se le reprocha a la madre, ya que su maldad conduce a la muerte del dios-sol. La serpiente, antiguo símbolo del temor, representa el impulso oculto de buscar refugio en la madre, pues ella, como dadora de vida, es vista como la única protección contra la muerte.

Así, solo la madre tiene el poder de salvarlo de su lecho de muerte, y el himno continúa narrando cómo los dioses se congregaron para deliberar:

"Isis llegó, portadora de sabiduría:

Su aliento es un soplo de vida,

Sus palabras disipan el sufrimiento,

Y sus frases reaniman a los que han dejado de respirar.

Ella preguntó: '¿Qué sucede; qué te aflige, padre divino?

Un ser insignificante te ha sumido en la desolación...'

"'Revela tu nombre, padre divino,

Pues aquel que es nombrado permanece vivo.'"

Rê respondió entonces:

"'Soy el creador del cielo y la tierra, el formador de las montañas,

El originador de todo ser sobre ellas.

Soy quien trajo el agua y provocó el gran diluvio,

Quien engendró el toro de su madre,

El procreador,' y así sucesivamente.

"El veneno persistió, avanzó más,

El gran Dios no sanó.

Isis entonces dijo a Rê:

'El nombre que me has dado no es el tuyo.

Dime la verdad para que el veneno te deje,

Pues aquel cuyo nombre se pronuncia vivirá.'"

Al final, Rê opta por revelar su verdadero nombre. Se recupera parcialmente; sin embargo, pierde su poder y, finalmente, se retira a la vaca celestial.

El concepto del gusano venenoso puede interpretarse, en un sentido figurado, como un "falo negativo", una representación letal y no vitalizante de la libido. Esto simboliza un deseo de muerte en contraposición a un deseo de vida. El "verdadero nombre" representa el alma y un poder mágico, simbolizando así la libido. Lo que Isis busca es redirigir la libido hacia la diosa madre, un acto que se cumple de manera literal cuando el dios envejecido regresa a la vaca divina, un emblema materno. Este simbolismo se aclara a partir de las discusiones previas. La libido activa, que domina la conciencia del hijo, requiere una separación de la madre. El anhelo del hijo por la madre se convierte en un obstáculo para esta separación, manifestándose como resistencia psicológica. Esta resistencia se manifiesta en la neurosis a través de diversos miedos, es decir, el temor a la vida. La ansiedad crece cuando hay una desconexión de la adaptación a la realidad, volviéndose omnipresente como un impedimento.

El miedo se origina en la madre, o más precisamente, en el deseo de regresar a ella, lo que se opone a la adaptación a la realidad. De esta forma, la madre se transforma en una figura aparentemente malévola. No obstante, no se refiere a la madre real, aunque ésta, mediante un afecto anormal que extiende la dependencia infantil del hijo hasta la adultez, puede causar un daño significativo. Se trata más bien de la imagen materna internalizada, que asume el papel de una figura amenazante.

La nostalgia por el pasado actúa como un veneno que paraliza la energía y el emprendimiento, comparable a una serpiente venenosa que se interpone en el camino. Lo que parece ser una fuerza hostil que drena la energía es, en realidad, el inconsciente individual, cuya inclinación regresiva empieza a predominar sobre el esfuerzo consciente de avanzar. Esto puede ser causado por el envejecimiento natural, dificultades externas significativas, o más comúnmente, por relaciones en las que la mujer asume un rol dominante, haciendo que el hombre se sienta incapaz de liberarse y regrese a un estado infantil. Isis, como la hermana-esposa del dios-sol, utiliza la saliva de este último, posiblemente un sustituto simbólico del esperma y, por ende, de la libido, para crear al ser venenoso. Al hacerlo, ella adquiere poder sobre él, debilitándolo y haciéndolo dependiente, asumiendo así un rol maternal dominante. Este tema también se refleja en otras leyendas, donde una figura femenina corta el cabello del héroe, su fuente de fuerza, simbolizando así el robo de su vigor. Cualquier debilitamiento del hombre adulto intensifica los anhelos inconscientes, presentándose la disminución de la fuerza como un retroceso hacia la madre.

Nos queda por explorar otra vía a través de la cual Nos queda por explorar otra vía a través de la cual se revitaliza la imagen materna. Ya nos topamos con ella al analizar la escena de la madre en "Fausto", donde se muestra la introversión deliberada de una mente creativa. Esta mente, al enfrentarse a un desafío, se retrae y concentra sus energías internamente, sumergiéndose, aunque sea momentáneamente, en la fuente vital para extraer de ella más fuerza materna con el fin de completar su obra. Se trata de un juego de rol materno-filial consigo mismo, marcado por una sutil autoadmiración y autocomplacencia, como se refleja en el pasaje de Nietzsche "Entre cien espejos"; una especie de estado narcisista, que puede resultar extraño a ojos ajenos. La distanciación de la imagen materna, el nacimiento fuera de uno mismo, resuelve todos los conflictos a través del sufrimiento. Esto es a lo que Nietzsche alude en su verso:

"¿Por qué te has atraído

a ti mismo hacia el paraíso de la antigua serpiente?

¿Por qué te has arrastrado

a ti mismo, hacia ti mismo?

Ahora un hombre enfermo,

envenenado por la serpiente,

un prisionero ahora,

al que le ha tocado el destino más cruel

en tu propia trampa;

Inclinado mientras trabajas,

confinado en ti mismo,

excavando en tu ser,

impotente,

inmóvil,

un cadáver.

Sobrecargado con cien pesos,

oprimido por ti mismo.

Un sabio,

un conocedor,

el sabio Zaratustra;

buscaste la carga más pesada

y te encontraste a ti mismo...."

Esta reflexión captura la introspección profunda, el enfrentamiento con uno mismo que lleva, paradójicamente, a una reanimación creativa a través del reencuentro con la fuente materna interna, simbolizada por la introspección y la autoindagación.

Este discurso destila un simbolismo extremadamente rico. Se describe a uno mismo como enterrado en las profundidades de su ser, como si regresara a la madre tierra, como un Kaineus aplastado bajo innumerables cargas hasta la muerte; alguien que soporta, con gemidos, el pesado fardo de su propia libido, esa fuerza que lo reconduce hacia la madre. Esto evoca el mito de Mitra, quien cargó con su toro, según el himno egipcio "el toro de su madre", es decir, su amor maternal como la carga más pesada, y con ello emprendió el doloroso camino del llamado Tránsito. Este sendero de pasión lo llevó a la cueva donde el toro fue sacrificado. De igual manera, Cristo tuvo que soportar la cruz, símbolo de su amor materno, hasta el lugar de sacrificio, donde el cordero, en figura del Dios niño, un "autoejecutor", fue llevado a la tumba en la cripta subterránea.

Lo que para Nietzsche se manifiesta como una expresión poética, en realidad hunde sus raíces en un mito ancestral. Pareciera que el poeta aún conserva una noción vaga, una capacidad para sentir y reavivar esos inmortales espectros de antiguos sistemas de pensamiento mediante las palabras del lenguaje actual y las imágenes que surgen en su imaginación. Otro escritor también señaló: "La representación poética es aquella que deja resonar el eco de la palabra primitiva a través de su forma".

El sacrificio, con su profundo y complejo significado, más insinuado que explícito, permanece oculto en el inconsciente de la soñadora. La flecha no ha sido disparada; el héroe Chiwantopel aún no está fatalmente envenenado y listo para el autosacrificio.

A partir de lo anterior, se puede concluir que este sacrificio simboliza el desprendimiento de la madre, es decir, la renuncia a todos los lazos y limitaciones que el alma ha acarreado desde la infancia hasta la adultez. A través de varias alusiones de la soñadora, se deduce que durante estas fantasías aún vivía en el entorno familiar, claramente en una época en que anhelaba vehementemente su independencia. Esto significa que permanecer demasiado tiempo en un entorno infantil o en el seno familiar representa un verdadero peligro para la salud mental del individuo. La vida llama a la independencia, y aquellos que no atienden esta severa llamada por pereza infantil y miedo se ven amenazados por la neurosis. Una vez desatada, la neurosis se convierte cada vez más en una excusa válida para huir de los desafíos de la vida y permanecer eternamente en un ambiente infantil tóxicamente confortable.

La fantasía de la herida de flecha se asocia con esta lucha por la independencia personal. La idea de esta resolución todavía no ha calado en la soñadora; de hecho, tiende a rechazarla. Tras lo discutido, es evidente que el simbolismo de la flecha herida debe interpretarse directamente como un símbolo de coito. El "Occide moriturus" adquiere así un significado sexual inherente. Chiwantopel representa a la soñadora, pero no se logra nada ni se comprende mediante una simplificación a lo puramente sexual, ya que es bien sabido que el inconsciente alberga deseos de coito, cuyo descubrimiento no aporta nada nuevo. El anhelo de coito, en este contexto, es realmente un símbolo de la manifestación individual de la libido separada de los padres, de la conquista de una vida autónoma. Este paso hacia una nueva existencia significa, al mismo tiempo, la muerte de la vida anterior. Así, Chiwantopel es el héroe infantil (el hijo, el niño, el cordero, el pez) todavía atado por las cadenas de la infancia y que debe morir como símbolo de la libido incestuosa, rompiendo así el vínculo retrógrado. Toda la libido se necesita para la batalla de la vida, no puede quedarse atrás. La soñadora aún no puede tomar esta decisión, que rompería todos los lazos sentimentales con el padre y la madre, pero es necesaria para seguir el llamado del destino individual.

Una introducción al estudio del inconsciente

El lenguaje humano, tanto hablado como escrito, está impregnado de simbolismo. Más allá de las palabras meramente descriptivas, el hombre utiliza signos e imágenes que poseen significados profundos y complejos. Estos símbolos, a diferencia de los meros signos, aluden a algo vago, desconocido u oculto para nosotros. Implican más de lo que su significado directo y obvio sugiere.

Un símbolo, al ser explorado por la mente, conduce a ideas que trascienden la razón. La rueda, por ejemplo, puede evocar la noción de un sol "divino", pero en ese punto la razón debe admitir su limitación, ya que el hombre es incapaz de definir plenamente un ser "divino". Al llamar "divino" a algo, simplemente se le da un nombre, quizás basado en una creencia, pero no en evidencia fáctica.

Dado que existen innumerables cosas más allá del alcance del entendimiento humano, constantemente se emplean términos simbólicos para representar conceptos que no se pueden definir o comprender completamente. Esta es una de las razones por las que todas las religiones utilizan lenguaje simbólico o imágenes. Sin embargo, este uso consciente de símbolos es solo un aspecto de un fenómeno psicológico de gran relevancia: el hombre también produce símbolos de manera inconsciente y espontánea, en forma de sueños.

La idea de que nada de lo que el hombre percibe es comprendido plenamente es fundamental para entender el funcionamiento de la psique humana. Los sentidos limitan la percepción del mundo que rodea al individuo, y aunque los instrumentos científicos pueden compensar en parte estas deficiencias, incluso los más sofisticados tienen limitaciones. No pueden trascender los límites de la certeza.

Además, existen aspectos inconscientes en la percepción de la realidad. Incluso cuando los sentidos reaccionan ante fenómenos, imágenes y sonidos reales, estos se transforman de alguna manera al pasar del ámbito de la realidad al de la mente. Dentro de la psique, se convierten en eventos psíquicos cuya naturaleza última es incognoscible, ya que la mente no puede conocer su propia sustancia. Así, cada experiencia contiene una serie de factores desconocidos, y cada objeto concreto tiene aspectos ignotos, ya que no se puede conocer la naturaleza última de la materia misma.

Asimismo, hay eventos de los que no se ha tomado nota conscientemente; han permanecido por debajo del umbral de la conciencia. Han sucedido, pero han sido absorbidos subconscientemente, sin el conocimiento consciente del individuo. Solo se puede tomar conciencia de tales eventos en un momento de intuición o mediante un proceso de pensamiento profundo que lleva a reconocer posteriormente que deben haber ocurrido. Aunque inicialmente se haya ignorado su importancia emocional y vital, posteriormente surgen del inconsciente como una especie de revelación tardía.

Los sueños, en su esencia, son reveladores del aspecto inconsciente de la mente. No se presentan como simples pensamientos racionales, sino como imágenes simbólicas. Los psicólogos han encontrado en el estudio de los sueños el acceso al aspecto oculto de los procesos mentales conscientes.

A partir de esta premisa, se ha inferido la existencia de una psique inconsciente, aunque esta noción es cuestionada por algunos científicos y filósofos. Argumentan que postular su existencia implica la coexistencia de dos "yoes" dentro de una misma persona. Sin embargo, esta suposición es precisamente lo que implica, de manera razonable. La realidad es que muchas personas sufren de esta división de la personalidad, no como un síntoma patológico, sino como un fenómeno común que puede observarse en cualquier lugar y momento.

El desarrollo de la conciencia humana ha sido un proceso largo y complejo, que ha llevado incontables generaciones hasta alcanzar el estado civilizado. Sin embargo, esta evolución está lejos de completarse, ya que aún hay vastas áreas de la mente humana sumidas en la oscuridad. La psique no es idéntica a la conciencia y su contenido.

Negar la existencia del inconsciente implica una creencia errónea de que el conocimiento actual de la psique es exhaustivo, lo cual es tan falso como pensar que se conoce todo sobre el universo natural. La psique es parte de la naturaleza, y su misterio es igualmente vasto. Por lo tanto, aparte de las evidencias médicas, existen fundamentos lógicos para rechazar afirmaciones como "no existe el inconsciente". Estas afirmaciones reflejan un temor ancestral a lo nuevo y desconocido.

Históricamente, ha habido resistencia a la idea de una parte desconocida de la psique humana. La conciencia es un logro reciente y frágil de la naturaleza, y está sujeta a peligros específicos. Entre los pueblos primitivos, trastornos mentales como la "pérdida del alma" son comunes, indicando una alteración significativa de la conciencia.

En algunas culturas, se cree que el individuo tiene múltiples almas, lo que refleja la percepción de que la psique no es una unidad, sino varias entidades vinculadas pero distintas. Esta fragilidad de la psique no es exclusiva de las sociedades primitivas; incluso en la civilización moderna, se puede perder la identidad, ser dominado por estados emocionales o perder el control de las acciones.

Aunque la capacidad de aislar partes de la mente puede ser útil, existe una diferencia fundamental entre hacerlo conscientemente y que ocurra de manera espontánea, sin consentimiento. Lo primero es un signo de civilización, mientras que lo segundo puede ser indicativo de una "pérdida del alma" o incluso causar neurosis.

Por lo tanto, incluso en la actualidad, la cohesión de la conciencia sigue siendo un tema cuestionable y puede fracturarse con demasiada facilidad. La capacidad de controlar las emociones, aunque deseable desde ciertos puntos de vista, podría ser vista como un logro discutible, ya que privaría a las interacciones sociales de su variedad, color y calidez.

Es en este contexto que se debe considerar la importancia de los sueños, esas manifestaciones fugaces, evasivas, poco confiables, vagas e inciertas. Para ilustrar este punto de vista, es pertinente relatar cómo, a lo largo de varios años, se llegó a la conclusión de que los sueños son la fuente más común y universalmente accesible para explorar la facultad simbólica del ser humano.

Sigmund Freud fue el pionero que primero intentó investigar empíricamente el trasfondo inconsciente de la conciencia. Partió del supuesto general de que los sueños no son aleatorios, sino que están conectados a pensamientos y problemas conscientes. Esta suposición no era arbitraria, sino que se basaba en el trabajo previo de destacados neurólogos, como Pierre Janet, quienes habían observado que los síntomas neuróticos están relacionados con experiencias conscientes y pueden ser considerados como zonas escindidas de la mente consciente que, bajo condiciones diferentes, podrían ser conscientes.

Freud y Josef Breuer, antes del comienzo del siglo XX, reconocieron que los síntomas neuróticos, como la histeria, ciertos tipos de dolor y comportamientos anormales, tienen un significado simbólico. Son una manera en que la mente inconsciente se expresa, al igual que en los sueños, y son igualmente simbólicos. Por ejemplo, un paciente que enfrenta una situación intolerable puede desarrollar un espasmo al intentar tragar, lo que simboliza su incapacidad para aceptar la situación. Estos problemas, que perturban inconscientemente, se manifiestan con frecuencia en los sueños.

Los símbolos en los sueños son mucho más variados que los síntomas físicos de la neurosis, como ha observado cualquier psicólogo que haya escuchado las descripciones de los sueños de muchas personas. Sin embargo, si se utiliza la técnica de asociación libre de Freud al analizar estos sueños, se pueden identificar patrones básicos subyacentes. Esta técnica fue fundamental en el desarrollo del psicoanálisis, ya que permitió a Freud utilizar los sueños como punto de partida para explorar los problemas inconscientes del paciente.

Freud hizo la observación de que al alentar a un soñador a hablar libremente sobre sus imágenes oníricas y los pensamientos que estas evocan, el propio soñador revela el trasfondo inconsciente de sus preocupaciones, tanto en lo que dice como en lo que omite deliberadamente. Aunque sus ideas pueden parecer irracionales e irrelevantes, con el tiempo se hace evidente qué está tratando de evitar, qué pensamiento o experiencia desagradable está reprimiendo. No importa cómo intente disfrazarlo, todo lo que dice apunta al núcleo de su situación. Este método permite al médico entender mejor las preocupaciones de su paciente y confirma sus expectativas.

Freud otorgaba especial importancia a los sueños como punto de partida para el proceso de asociación libre. Sin embargo, este enfoque comenzó a cuestionarse después de que un colega compartiera una experiencia personal. Durante un largo viaje en tren por Rusia, este colega se quedó pensando en las extrañas letras cirílicas de los carteles ferroviarios, a pesar de no entender el idioma ni el alfabeto. Esta reflexión lo llevó a una serie de recuerdos antiguos y desagradables, indicando la presencia de complejos emocionales reprimidos. Este episodio hizo dudar de la necesidad de utilizar un sueño como punto de partida para explorar los complejos de un paciente. Demostró que se puede llegar al núcleo directamente desde cualquier punto de partida, ya sean letras cirílicas, meditaciones sobre objetos cotidianos o conversaciones triviales. Sin embargo, los sueños tienen un significado particular, surgiendo a menudo de trastornos emocionales en los que también están involucrados los complejos habituales. Por lo tanto, aunque la asociación libre puede llevar desde cualquier sueño hasta pensamientos ocultos críticos, se comenzó a considerar si se debería prestar más atención a la forma y el contenido reales de los sueños, en lugar de permitir que la asociación "libre" conduzca a través de complejos que podrían ser alcanzados fácilmente por otros medios.

Este nuevo enfoque marcó un punto de inflexión en el desarrollo de la psicología de Carl Jung. Gradualmente, se dejó de seguir las asociaciones que alejaban del contenido literal de un sueño y se optó por concentrarse en las asociaciones intrínsecas al propio sueño, creyendo que este expresaba algo específico que el inconsciente intentaba comunicar.

Este cambio en la actitud hacia los sueños implicaba un cambio en el método; la nueva técnica permitía considerar todos los diversos aspectos de un sueño. Mientras que una historia narrada por la mente consciente tiene un principio, un desarrollo y un final, un sueño no sigue esta estructura lineal. Sus dimensiones en tiempo y espacio son distintas; comprenderlo requiere examinarlo desde todos los ángulos, como se examina un objeto desconocido hasta conocer cada detalle de su forma.

Quizás se haya explicado suficiente para mostrar cómo surgió un desacuerdo cada vez mayor con la asociación "libre" tal como la empleaba Freud inicialmente. El objetivo era mantenerse lo más cerca posible del contenido del sueño y excluir todas las ideas y asociaciones irrelevantes que pudieran surgir. Aunque estas últimas podrían llevar a los complejos de un paciente, se tenía en mente un propósito más amplio que descubrir los complejos que causan trastornos neuróticos. Hay muchos otros medios para identificar estos complejos. Sin embargo, para comprender el proceso vital psíquico de toda la personalidad de un individuo, es importante reconocer que los sueños y las imágenes simbólicas desempeñan un papel fundamental.

Es ampliamente conocido que existen diversas imágenes que pueden simbolizar el acto sexual. Cada una de estas imágenes puede llevar, a través de un proceso de asociación, a la idea de la relación sexual y a los complejos específicos que cualquier individuo puede tener sobre sus propias actitudes sexuales. Sin embargo, estas mismas imágenes podrían surgir en un sueño relacionadas con otros aspectos de la psique humana, más allá del acto sexual en sí.

A partir de este razonamiento, se concluyó que para interpretar un sueño se debería centrar únicamente en el material que forma parte de él de manera clara y visible. El sueño tiene sus propias limitaciones y su forma específica indica lo que le pertenece. Mientras que la asociación "libre" aleja del contenido del sueño, el método que se desarrolló se enfoca en la imagen onírica misma. Se trabaja en torno a esa imagen, ignorando cualquier intento del soñador de separarse de ella. En el trabajo profesional, se ha tenido que recordar repetidamente: "Volviendo al sueño, ¿qué nos dice el sueño?".

Por ejemplo, un paciente soñó con una mujer vulgar, borracha y desaliñada, que parecía ser su esposa en el sueño, aunque en la realidad su esposa era totalmente diferente. A primera vista, el sueño parecía falsamente escandaloso, y el paciente lo rechazó de inmediato como una fantasía absurda. Si se hubiera permitido que el paciente iniciara un proceso de asociación, inevitablemente habría intentado alejarse de la sugerencia desagradable de su sueño. Sin embargo, no se habría aprendido nada sobre el significado especial de este sueño en particular.

Entonces, ¿qué intentaba comunicar el inconsciente con una afirmación tan obviamente falsa? Aunque la proyección de la imagen sobre su esposa era injustificada y objetivamente falsa, esta imagen expresaba de alguna manera la idea de una mujer degenerada relacionada con la vida del soñador. Después de explorar más a fondo, se descubrió que este sueño representaba el aspecto femenino oculto en la psique masculina, lo que Jung llamó el "ánima".

Este fue el caso particular de este paciente: su lado femenino no era agradable. Su sueño le decía: "En algunos aspectos te comportas como una hembra degenerada", y así le daba un toque apropiado. (Este ejemplo no debe tomarse como una prueba de que el inconsciente emite "mandatos morales". El sueño no le estaba diciendo al paciente que "mejorara su comportamiento", sino que simplemente trataba de equilibrar la naturaleza desequilibrada de su mente consciente, que sostenía la ilusión de ser un perfecto caballero en todo momento).

Es comprensible por qué los soñadores tienden a ignorar e incluso a negar el mensaje de sus sueños. La conciencia naturalmente se resiste a lo desconocido e inconsciente. Ya se ha mencionado la existencia de lo que los antropólogos llaman "misoneísmo" entre los pueblos primitivos, un miedo profundo y supersticioso a lo nuevo. Los primitivos muestran todas las reacciones de un animal salvaje ante los acontecimientos adversos. Pero el hombre "civilizado" también reacciona de manera similar a las nuevas ideas, erigiendo barreras psicológicas para protegerse del impacto de lo nuevo. Esta reacción se puede observar fácilmente en la forma en que cualquier individuo reacciona ante sus propios sueños cuando se enfrenta a un pensamiento sorprendente. Muchos pioneros en filosofía, ciencia e incluso literatura han sido víctimas del conservadurismo innato de sus contemporáneos. La psicología es una de las ciencias más jóvenes y, al tratar de abordar el funcionamiento del inconsciente, se ha encontrado inevitablemente con el misoneísmo en su forma más extrema.

En el inconsciente, pasado y futuro coexisten en una dinámica atemporal. Hasta ahora se han delineado algunos de los principios con los que se abordó el problema de los sueños, ya que son el material más básico y accesible para investigar la capacidad humana de producir símbolos. Los dos puntos fundamentales en el tratamiento de los sueños son los siguientes: en primer lugar, el sueño debe ser tratado como un hecho, sobre el cual no hay que hacer ninguna suposición previa, excepto que de alguna manera tiene sentido; y en segundo lugar, el sueño es una expresión específica del inconsciente.

Estos principios difícilmente podrían ser expresados de manera más modesta. Por más bajo que alguien pueda pensar del inconsciente, debe admitir que vale la pena investigarlo; el inconsciente está al menos al mismo nivel que el piojo, que, después de todo, goza del honesto interés del entomólogo. Si alguien con poca experiencia y conocimiento de los sueños piensa que estos son solo sucesos caóticos sin sentido, es libre de hacerlo. Pero si se asume que son eventos normales (que, de hecho, lo son), se está obligado a considerar que o bien son causales, es decir, que hay una razón lógica para su existencia, o bien son, de alguna manera, intencionados, o ambas cosas.

Veamos ahora con más detalle cómo se relacionan los contenidos conscientes e inconscientes de la mente. Tomemos un ejemplo conocido por todos. De repente, uno se da cuenta de que no recuerda lo que iba a decir a continuación, aunque hace un momento lo tenía perfectamente claro. O tal vez se estaba a punto de presentar a un amigo, y su nombre se escapa cuando se estaba a punto de pronunciarlo. Se dice que no se acuerda, pero en realidad el pensamiento se ha vuelto inconsciente, o al menos se ha separado momentáneamente de la conciencia. Se encuentra el mismo fenómeno con los sentidos. Si se escucha una nota continua en el límite de la audibilidad, el sonido parece detenerse a intervalos regulares y volver a empezar. Tales oscilaciones se deben a una disminución y aumento periódicos de la atención, no a ningún cambio en la nota.

Pero cuando algo desaparece de la conciencia, no deja de existir, del mismo modo que un coche que ha doblado una esquina no se ha desvanecido en el aire. Simplemente desaparece de la vista. Del mismo modo que más tarde se puede volver a ver el coche, también se encuentran pensamientos que se habían perdido temporalmente.

Así, parte del inconsciente consiste en una multitud de pensamientos, impresiones e imágenes temporalmente oscurecidos que, a pesar de haberse perdido, siguen influyendo en la mente consciente. Un hombre distraído o "despistado" cruza la habitación para coger algo. Se detiene, aparentemente perplejo; ha olvidado lo que buscaba. Sus manos buscan a tientas entre los objetos de la mesa como si fuera sonámbulo; no es consciente de su propósito original, pero se guía inconscientemente por él. Entonces se da cuenta de lo que quiere. Su inconsciente le ha guiado.

Si se observa el comportamiento de una persona neurótica, se puede ver que hace muchas cosas que parece estar haciendo consciente y deliberadamente. Sin embargo, si se le pregunta por ellas, se descubrirá que, o bien es inconsciente de ellas, o bien tiene en mente algo muy distinto. Oye y no oye; ve y es ciego; sabe y es ignorante. Tales ejemplos son tan comunes que el especialista pronto se da cuenta de que los contenidos inconscientes de la mente se comportan como si fueran conscientes y que nunca se puede estar seguro, en tales casos, de si el pensamiento, el habla o la acción son conscientes o no.

Es este tipo de comportamiento el que hace que tantos médicos tachen de mentiras las declaraciones de pacientes histéricos. Estas personas ciertamente dicen más falsedades que la mayoría, pero "mentira" no es la palabra adecuada. De hecho, su estado mental provoca una incertidumbre en el comportamiento porque su conciencia está expuesta a un eclipse impredecible por una interferencia del inconsciente. Incluso sus sensaciones cutáneas pueden revelar fluctuaciones similares de la conciencia. En un momento la persona histérica puede sentir el pinchazo de una aguja en el brazo; al siguiente puede pasar desapercibido. Si se puede concentrar su atención en un punto determinado, todo su cuerpo puede quedar completamente anestesiado hasta que se haya relajado la tensión que provoca este apagón de los sentidos. La percepción de los sentidos se restablece inmediatamente. Sin embargo, durante todo ese tiempo ha sido inconscientemente consciente de lo que ocurría.

El médico puede ver este proceso con bastante claridad cuando hipnotiza a un paciente así. Es fácil demostrar que el paciente ha sido consciente de cada detalle. El pinchazo en el brazo o el comentario hecho durante un eclipse de conciencia pueden recordarse con tanta exactitud como si no hubiera habido anestesia ni "olvido". Carl Jung recuerda a una mujer que una vez ingresó en la clínica en un estado de estupor total. Cuando recobró el conocimiento al día siguiente, sabía quién era pero no sabía dónde estaba, cómo o por qué había llegado allí, ni siquiera la fecha. Sin embargo, después de haberla hipnotizado, le contó por qué había caído enferma, cómo había llegado a la clínica y quién la había ingresado. Todos estos detalles pudieron verificarse. Incluso pudo decir a qué hora la habían ingresado, porque había visto un reloj en el vestíbulo. Bajo hipnosis, su memoria era tan clara como si hubiera estado completamente consciente todo el tiempo.

Cuando se discuten estos temas, generalmente se debe basar en las pruebas proporcionadas por la observación clínica. Por esta razón, muchos críticos asumen que el inconsciente y todas sus manifestaciones sutiles pertenecen exclusivamente al ámbito de la psicopatología. Consideran cualquier expresión del inconsciente como algo neurótico o psicótico, sin relación con un estado mental normal. Sin embargo, los fenómenos neuróticos no son productos exclusivos de la enfermedad. De hecho, son simplemente exageraciones patológicas de sucesos normales; simplemente son más evidentes debido a su exageración. Los síntomas histéricos pueden encontrarse en todas las personas normales, pero son tan leves que suelen pasar desapercibidos.

Por ejemplo, el olvido es un proceso normal, en el cual ciertas ideas conscientes pierden su fuerza porque la atención se ha desviado. Cuando el interés se desplaza hacia otra cosa, las cosas en las que uno estaba concentrado previamente quedan en la oscuridad, al igual que una linterna que ilumina una nueva área dejando otra en la oscuridad. Esto es inevitable, ya que la conciencia solo puede mantener algunas imágenes con total claridad a la vez, y esta claridad fluctúa.

Pero las ideas olvidadas no desaparecen por completo. Aunque no pueden ser recordadas a voluntad, están presentes en un estado subliminal, justo más allá del umbral del recuerdo, y pueden surgir espontáneamente en cualquier momento, a menudo después de muchos años de olvido aparentemente total.

Aquí nos referimos a cosas que hemos percibido conscientemente y luego olvidado. Pero todos experimentamos muchas cosas sin darnos cuenta en ese momento, ya sea porque nuestra atención está desviada o porque el estímulo de nuestros sentidos es demasiado débil para dejar una impresión consciente. Sin embargo, el inconsciente ha registrado esas percepciones sensoriales, y estas influencian nuestra forma de reaccionar ante eventos y personas, sin que seamos conscientes de ello.

Un ejemplo que Jung encontró especialmente revelador fue el de un profesor que caminaba por el campo con uno de sus alumnos, inmersos en una conversación seria. De repente, el profesor notó que sus pensamientos fueron interrumpidos por un flujo inesperado de recuerdos de su infancia. No podía explicar esta distracción, ya que nada de lo que se había discutido tenía relación con esos recuerdos. Al mirar hacia atrás, se dio cuenta de que pasaron frente a una granja cuando los primeros recuerdos de su infancia surgieron en su mente. Sugirió a su alumno que volvieran al punto donde comenzaron las fantasías. Al llegar, notó el olor de los gansos, y de inmediato se dio cuenta de que este olor había desencadenado el flujo de recuerdos.

En su juventud, el profesor vivió en una granja donde se criaban gansos, y el olor característico dejó una impresión duradera aunque olvidada. Al pasar por la granja en su caminata, percibió inconscientemente el olor, y esta percepción inconsciente evocó experiencias de su infancia olvidadas hacía mucho tiempo. La percepción fue subliminal porque la atención estaba en otra parte, y el estímulo no era lo suficientemente fuerte como para alcanzar la conciencia directamente. Sin embargo, hizo resurgir recuerdos "olvidados".

Este efecto "indicio" o "desencadenante" puede explicar la aparición de síntomas neuróticos, así como de recuerdos más benignos, cuando una imagen, un olor o un sonido evocan una situación del pasado. Por ejemplo, una mujer puede estar trabajando en su oficina, aparentemente de buen humor y saludable. De repente, sufre un dolor de cabeza intenso y muestra otros signos de angustia. Sin darse cuenta conscientemente, escuchó la sirena de niebla de un barco distante, que inconscientemente le recordó una dolorosa separación de un amante que había intentado olvidar.

Además del olvido normal, Freud ha descrito varios casos que implican el "olvido" de recuerdos desagradables, recuerdos que uno prefiere perder. Como dijo Nietzsche, cuando el orgullo insiste lo suficiente, la memoria prefiere ceder. Por lo tanto, entre los recuerdos perdidos, encontramos muchos que se han vuelto subliminales (y no pueden ser recuperados voluntariamente) debido a su naturaleza desagradable e inaceptable. El psicólogo los llama contenidos reprimidos.

Un ejemplo sería el de una secretaria celosa de uno de los socios de su jefe. A menudo olvida invitar a esa persona a las reuniones, aunque su nombre esté claramente marcado en la lista que utiliza. Sin embargo, si se le pregunta, simplemente dice que "se le olvidó" o que "la interrumpieron". Nunca admite, ni siquiera para sí misma, la verdadera razón de su omisión.

Muchas personas sobreestiman el papel de la fuerza de voluntad y creen que no pueden experimentar nada que no decidan y deseen. Pero se debe aprender a distinguir cuidadosamente entre los contenidos intencionales y no intencionales de la mente. Los primeros derivan de la personalidad del ego; los segundos, sin embargo, surgen de una fuente que no es idéntica al ego, sino que es su "otro lado". Es este "otro lado" el que habría hecho que la secretaria olvidara las invitaciones.

Hay muchas razones por las cuales se olvidan cosas que se han notado o experimentado, y hay igualmente diversas formas de recordarlas. Un ejemplo interesante es el de la criptomnesia, también conocida como "recuerdo oculto". Un autor puede estar escribiendo según un plan preconcebido, desarrollando un argumento o narrando una historia, cuando de repente se desvía. Puede surgir una idea nueva, una imagen diferente o una subtrama completamente nueva. Si se le pregunta por qué ha hecho esta digresión, es posible que no pueda responder. Incluso podría no haberse dado cuenta del cambio, aunque haya producido material completamente nuevo y aparentemente desconocido para él. Sin embargo, a veces se puede demostrar de manera convincente que lo que ha escrito guarda una sorprendente similitud con la obra de otro autor, una obra que él cree que nunca ha visto.

Un ejemplo fascinante lo encontró Carl Jung en el libro de Nietzsche, "Así habló Zaratustra", donde el autor reproduce casi palabra por palabra un incidente registrado en el diario de a bordo de un barco en 1686. Por pura casualidad, Jung había leído este relato de un marinero en un libro publicado hacia 1835 (medio siglo antes de que Nietzsche escribiera su obra); y cuando encontró el pasaje similar en "Así habló Zaratustra", le llamó la atención su estilo peculiar, diferente al lenguaje habitual de Nietzsche. Estaba convencido de que Nietzsche también había visto el viejo libro, aunque no hiciera referencia a él. Escribió a la hermana de Nietzsche, que aún vivía, y ella confirmó que ella y su hermano habían leído juntos el libro cuando él tenía once años. Jung creía que, por el contexto, era inconcebible que Nietzsche tuviera idea de que estaba plagiando esta historia cincuenta años más tarde. Probablemente se había deslizado inesperadamente en su mente consciente.

En este tipo de casos, hay un recuerdo genuino que no se realiza conscientemente. Lo mismo puede ocurrirle a un músico que escuchó una melodía campesina o una canción popular en su infancia y la encuentra como tema de un movimiento sinfónico que está componiendo en su vida adulta. Una idea o una imagen ha vuelto del inconsciente a la mente consciente.

Lo mencionado hasta ahora sobre el inconsciente es solo un bosquejo superficial de su naturaleza y funcionamiento. Sin embargo, debería haber indicado el tipo de material subliminal a partir del cual pueden surgir espontáneamente los símbolos de los sueños. Este material subliminal puede consistir en todas las urgencias, impulsos e intenciones; todas las percepciones e intuiciones; todos los pensamientos racionales o irracionales, conclusiones, inducciones, deducciones y premisas; y todas las variedades de sentimientos. Todo esto puede adoptar la forma de inconsciencia parcial, temporal o constante.

En la mayoría de los casos, este material se vuelve inconsciente porque, por así decirlo, no cabe en la mente consciente. Algunos pensamientos pierden su energía emocional y se vuelven subliminales (es decir, ya no reciben tanta atención consciente) porque han llegado a parecer poco interesantes o irrelevantes, o porque hay alguna razón por la que se desea apartarlos de la vista.

De hecho, es normal y necesario "olvidar" de esta manera para dejar espacio en la mente consciente para nuevas impresiones e ideas. Si esto no sucediera, todo lo que se experimenta permanecería por encima del umbral de la conciencia y la mente estaría abarrotada. Este fenómeno es ampliamente reconocido hoy en día y se da por sentado en la psicología.

Pero al igual que los contenidos conscientes pueden desvanecerse en el inconsciente, también pueden surgir nuevos contenidos que nunca han sido conscientes. Se puede tener un presentimiento, por ejemplo, de que algo está a punto de irrumpir en la conciencia: que "hay algo en el aire" o que uno "huele una rata". El descubrimiento de que el inconsciente no es solo un almacén del pasado, sino que también está lleno de gérmenes de situaciones e ideas psíquicas futuras, llevó a Jung a su propio nuevo enfoque de la psicología. Sobre este punto ha surgido una gran controversia. Pero es un hecho que, además de los recuerdos de un pasado consciente lejano, también pueden surgir del inconsciente pensamientos e ideas creativas completamente nuevos, pensamientos e ideas que nunca antes han sido conscientes. Surgen desde las oscuras profundidades de la mente como un loto y forman una parte importante de la psique subliminal.

Se pueden encontrar pruebas claras de este hecho en la historia de la ciencia. Por ejemplo, el matemático francés Poincaré y el químico Kekulé atribuyeron importantes descubrimientos científicos (como ellos mismos admitieron) a repentinas "revelaciones" pictóricas procedentes del inconsciente. La llamada experiencia "mística" del filósofo francés Descartes supuso una revelación repentina similar en la que vio en un instante el "orden de todas las ciencias". El escritor británico Robert Louis Stevenson llevaba años buscando una historia que encajara con su "fuerte sentido del doble ser del hombre", cuando la trama del Dr. Jekyll y Mr. Hyde se le reveló de repente en un sueño.

Más adelante, se describirá con más detalle cómo surge ese material del inconsciente y se examinará la forma en que se expresa. Por ahora, solo se quiere señalar que la capacidad de la psique humana para producir ese nuevo material es especialmente significativa cuando se trata del simbolismo onírico. En el trabajo profesional de Jung, él observó una y otra vez que las imágenes e ideas que contienen los sueños no pueden explicarse únicamente en términos de memoria. Expresan pensamientos nuevos que nunca han alcanzado el umbral de la conciencia.

El químico alemán del siglo XIX, Kekule, quien estaba investigando la estructura molecular del benceno, tuvo un sueño revelador en el que visualizó una serpiente mordiéndose la cola. Esta imagen, que también es un símbolo antiguo, le llevó a interpretar que la estructura del benceno era un anillo cerrado de átomos de carbono, una idea que plasmó en su libro Textbook of Organic Chemistry (1861).

El papel de los sueños en la psique humana

Los sueños representan el sustrato fundamental del cual emergen la mayoría de los símbolos. Sin embargo, desentrañar su significado supone un desafío considerable. A diferencia de las narrativas construidas por la mente consciente, los sueños se caracterizan por su naturaleza intrincada y a menudo desconcertante. En la vigilia, el individuo selecciona meticulosamente las palabras y se esfuerza por expresarse de manera lógica y coherente, evitando la mezcla de metáforas para prevenir la confusión en su discurso. No obstante, en el reino onírico, la realidad se desdibuja: imágenes contradictorias y surrealistas inundan la mente, el tiempo pierde su linealidad y lo ordinario adquiere un cariz fascinante o amenazante.

Resulta intrigante cómo la mente inconsciente organiza su contenido de manera tan distinta a la aparentemente disciplinada vida consciente. Esta disparidad constituye una de las razones primordiales por las cuales la mayoría de las personas encuentran arduo interpretar sus sueños. Estos desafían la experiencia cotidiana y, en consecuencia, se tiende a desestimarlos o a confesar perplejidad frente a ellos.

Quizás sea más comprensible si se considera que las ideas que se manejan en la vida consciente no son tan precisas como se piensa. Su significado y su carga emocional para el individuo se vuelven más difusos cuanto más se analizan. Esto se debe a que toda experiencia o información acumulada puede filtrarse al inconsciente, incluso aquello que se cree recordar conscientemente. Las percepciones conscientes adquieren un matiz subyacente que influye en su significado cada vez que se evocan. Estos matices varían de persona a persona, ya que cada uno interpreta las ideas de manera individual, influenciado por su bagaje cultural y sus vivencias personales.

Los sueños son el reflejo de esta complejidad psíquica. Aunque aparentemente caóticos, manifiestan las asociaciones subliminales que se atribuyen a los objetos e ideas en la mente consciente. Por ello, un simple elemento onírico puede adquirir un significado psicológico profundo, capaz de perturbar incluso después del despertar, como una habitación cerrada con llave o la pérdida de un tren.

Las imágenes oníricas son significativamente más vívidas y pintorescas que los conceptos y experiencias de la vigilia. Una de las razones radica en que, en los sueños, estos conceptos pueden expresar su significado inconsciente. En los pensamientos conscientes, el individuo se restringe a afirmaciones racionales, las cuales resultan menos coloridas debido a la eliminación de gran parte de sus asociaciones emocionales.

En sus escritos, Jung relata un sueño que le desconcertó considerablemente al intentar interpretarlo. En él, un hombre trataba de colocarse detrás de Jung y saltar sobre su espalda. Apenas sabía quién era este individuo, excepto por la percepción de que había distorsionado un comentario suyo hasta convertirlo en una grotesca parodia de su intención original. Sin embargo, Jung no lograba ver la relación entre este hecho y los intentos del hombre en el sueño de saltar sobre él. No obstante, en su experiencia profesional, a Jung le había ocurrido en repetidas ocasiones que alguien tergiversaba sus palabras, tan frecuentemente que apenas se había molestado en preguntarse si este tipo de distorsión le irritaba. Pronto se dio cuenta de que el sueño le estaba indicando la importancia de mantener un control consciente sobre sus reacciones emocionales. El sueño había tomado una expresión coloquial austriaca y la había traducido en una imagen visual. Esta frase, común en el lenguaje cotidiano, es "Du kannst mir auf den Buckel steigen" (Puedes subirte a mi espalda), que significa "No me importa lo que pienses de mí". Un equivalente en inglés, que podría aparecer fácilmente en un sueño similar, sería "Go jump in a lake" (Ve a saltar al lago).

Se podría considerar que esta imagen onírica era simbólica, ya que no planteaba la situación de manera directa, sino que expresaba el punto indirectamente a través de una metáfora que inicialmente Jung no lograba comprender. Cuando esto ocurre, no se trata de un "disfraz" intencional por parte del sueño; más bien refleja las limitaciones de la comprensión del lenguaje visual cargado de emociones. En la vida cotidiana, se busca expresarse con precisión y se ha aprendido a evitar los adornos fantasiosos tanto en el lenguaje como en los pensamientos, perdiendo así una cualidad que aún caracteriza a la mente primitiva. La mayoría de las personas han relegado al inconsciente todas las asociaciones emocionales fantásticas que poseen los objetos o ideas. En cambio, el individuo primitivo sigue siendo consciente de estas propiedades emocionales; atribuye a los animales, las plantas o las rocas poderes que se consideran extraños e inaceptables.

Por ejemplo, un habitante de la selva africana puede ver una criatura nocturna durante el día y entender que es un curandero que ha adoptado temporalmente esa forma. O puede considerarla el espíritu ancestral de su tribu. Un árbol puede desempeñar un papel vital en la vida de un individuo primitivo, aparentemente poseyendo su propia alma y voz, y el individuo sentirá que comparte su destino. Hay algunas tribus en Sudamérica que afirmarán ser loros de Arara Roja, a pesar de ser plenamente conscientes de que no tienen plumas, alas ni pico. En el mundo de los primitivos, las cosas no están definidas con la misma claridad que en las sociedades "racionales".

La identidad psíquica, o "participación mística", ha sido desterrada del mundo material. Sin embargo, es esta riqueza de asociaciones emocionales inconscientes lo que otorga un aspecto vibrante y fantástico al mundo de los primitivos. Se ha perdido hasta tal punto que no se reconoce cuando se encuentra de nuevo. Para el hombre moderno, estas cosas permanecen bajo el umbral de la conciencia; cuando surgen ocasionalmente, incluso se argumenta que algo anda mal.

En múltiples ocasiones, personas cultas e inteligentes consultaron a Jung sobre sueños extraños, fantasías o incluso visiones que las habían perturbado profundamente. Habían asumido que nadie en un estado mental sano podría experimentar tales cosas, y que aquellos que verdaderamente veían visiones debían estar patológicamente trastornados. Un teólogo una vez le dijo a Jung que las visiones de Ezequiel no eran más que síntomas de enfermedad, y que cuando Moisés y otros profetas escuchaban "voces" que les hablaban, sufrían alucinaciones. Se puede imaginar el pánico que sintió cuando algo así le ocurrió "espontáneamente". El hombre moderno está tan acostumbrado a la aparente racionalidad de su mundo que apenas puede concebir algo que no pueda ser explicado por la lógica. Un individuo primitivo frente a una experiencia similar no cuestionaría su cordura; atribuiría la experiencia a espíritus, dioses o fuerzas misteriosas.

Sin embargo, las emociones experimentadas son las mismas. De hecho, los miedos que provienen de la civilización pueden ser aún más amenazantes que aquellos que los primitivos atribuyen a los demonios. A veces, la actitud del hombre civilizado moderno recuerda a la de un paciente psicótico en la clínica de Jung que también era médico. Una mañana, Jung le preguntó cómo se sentía. El paciente respondió que había pasado una noche maravillosa desinfectando todo el cielo con cloruro mercúrico, pero que en el transcurso de este minucioso proceso de desinfección no había encontrado ni rastro de Dios. Aquí se observa una neurosis o algo peor. En lugar de Dios o el "temor de Dios", hay una neurosis de ansiedad o algún tipo de fobia. La emoción sigue siendo la misma, pero su objeto ha cambiado tanto de nombre como de naturaleza, para peor.

Jung recuerda a un profesor de filosofía que una vez le consultó sobre su fobia al cáncer. Sufría de una convicción compulsiva de que tenía un tumor maligno, aunque nunca se encontró nada de eso en docenas de radiografías. "Sé que no hay nada", decía, "pero podría haber algo". ¿De dónde provenía esta idea? Evidentemente, era un miedo que no se originaba en una deliberación consciente. El pensamiento morboso se apoderó de él repentinamente, y tenía un poder propio que no podía controlar.

Para este hombre educado, admitir este tipo de experiencia era mucho más difícil que para un individuo primitivo admitir que estaba siendo acechado por un espíritu maligno. La influencia negativa de los espíritus malignos al menos era una hipótesis plausible en una cultura primitiva, pero admitir que sus problemas no eran más que invenciones de la imaginación resultaba devastador para una persona civilizada. El fenómeno primitivo de la obsesión no ha desaparecido; sigue siendo el mismo de siempre. Simplemente se interpreta de manera diferente y con un matiz más desagradable.

Jung ha realizado varias comparaciones entre el hombre moderno y el primitivo. Tales comparaciones, como demostrará más adelante, son esenciales para comprender la tendencia humana a crear símbolos y el papel que desempeñan los sueños en su expresión. Muchos sueños presentan imágenes y asociaciones similares a ideas, mitos y rituales primitivos. Freud llamó a estas imágenes oníricas "restos arcaicos", sugiriendo que son elementos psíquicos que han sobrevivido en la mente humana desde épocas antiguas. Este punto de vista es típico de quienes ven al inconsciente como un mero apéndice de la conciencia (o, de manera más pintoresca, como un cubo de basura que recoge todos los desechos de la mente consciente).

Sin embargo, una investigación más profunda llevó a Jung a concluir que esta actitud es insostenible y debería ser descartada. Descubrió que estas asociaciones e imágenes son una parte integral del inconsciente y se pueden observar en todas partes, independientemente de si el soñador es educado o analfabeto, inteligente o no. No son "restos" sin vida o sin sentido en absoluto. Siguen siendo activos y son especialmente valiosos debido a su "naturaleza histórica". Actúan como un puente entre las formas en que se expresan conscientemente los pensamientos y una forma de expresión más primitiva, colorida y pictórica. Esta forma de expresión también apela directamente a los sentimientos y emociones. Estas asociaciones "históricas" sirven como vínculo entre el mundo racional de la conciencia y el mundo del instinto.

Ya se ha mencionado el contraste interesante entre los pensamientos "controlados" que se tienen en la vida consciente y la riqueza de imágenes que se producen en los sueños. Ahora se puede ver otra razón de esta diferencia: en la vida civilizada, se han despojado a muchas ideas de su energía emocional, por lo que ya no se responde realmente a ellas. Se utilizan tales ideas en el discurso y se muestra una reacción convencional cuando otros las utilizan, pero no afectan profundamente. Se necesita algo más para que ciertas cosas lleguen lo suficientemente hondo como para hacer cambiar de actitud y comportamiento. Esto es lo que logra el "lenguaje de los sueños"; su simbolismo posee tanta energía psíquica que el individuo se ve obligado a prestarle atención.

Por ejemplo, Jung relata el caso de una mujer conocida por sus prejuicios y su obstinada resistencia a la razón. Se podía discutir con ella toda la noche sin obtener ningún resultado; simplemente no escuchaba. Sin embargo, sus sueños eran diferentes. Una noche, soñó que asistía a una importante reunión social. La anfitriona la recibía con estas palabras: "Me alegra que hayas venido. Todos tus amigos están aquí y te están esperando". La anfitriona la llevaba a la puerta, la abría y la soñadora entraba en un establo.

Este lenguaje onírico era lo suficientemente claro como para ser entendido incluso por alguien con poca capacidad intelectual. Al principio, la mujer se resistió a aceptar el significado de un sueño que atacaba directamente su propia importancia, pero eventualmente el mensaje llegó a ella y tuvo que aceptarlo porque no podía ignorar la verdad auto revelada.

Estos mensajes del inconsciente son más importantes de lo que la mayoría de la gente cree. En la vida consciente, el individuo está expuesto a diversas influencias. Otras personas lo influencian, los eventos en el trabajo o en la vida social lo distraen. Estas influencias pueden llevar por caminos que no son adecuados para la individualidad. Ya sea que se esté consciente o no de su efecto en la mente, afectan y exponen casi indefenso.

Esto es especialmente cierto para aquellos cuya actitud mental extravertida enfatiza los objetos externos, o aquellos que luchan con sentimientos de inferioridad y duda sobre su propia personalidad más íntima.

Cuanto más influenciada esté la conciencia por prejuicios, errores, fantasías y deseos infantiles, más se ampliará la brecha existente hasta convertirse en una disociación neurótica, llevando a una vida artificial alejada de los instintos saludables, la naturaleza y la verdad.

La función general de los sueños es intentar restablecer el equilibrio psicológico produciendo material onírico que compense, de manera sutil, el desequilibrio psíquico total. Esto es lo que Jung llama el papel complementario (o compensatorio) de los sueños en la constitución psíquica. Explica por qué las personas con ideas poco realistas o una opinión exagerada de sí mismas, o que hacen planes grandiosos que no corresponden a sus capacidades reales, tienen sueños de volar o caer. Los sueños compensan las deficiencias de sus personalidades y, al mismo tiempo, advierten sobre los peligros de su curso actual. Si se ignoran las advertencias de los sueños, pueden producirse accidentes reales. La persona puede caer por las escaleras o sufrir un accidente automovilístico.

Jung recuerda un caso en el que un hombre estaba profundamente involucrado en asuntos turbios. Desarrolló una pasión casi obsesiva por el montañismo peligroso como una forma de compensación. Buscaba "superarse a sí mismo". Una noche, soñó que descendía de la cima de una montaña alta hacia el vacío. Cuando le contó su sueño a Jung, este de inmediato percibió el peligro que enfrentaba e intentó enfatizar la advertencia, persuadiéndolo de que se contuviera. Incluso le advirtió que el sueño presagiaba su muerte en un accidente de montaña. Pero fue en vano. Seis meses después, "se lanzó al vacío". Un guía de montaña lo vio, junto con un amigo, descendiendo por una cuerda en un lugar difícil. El amigo había encontrado un punto de apoyo temporal en una repisa, y el soñador lo seguía hacia abajo. Repentinamente, soltó la cuerda, "como si se arrojara al vacío", según el guía. Cayó sobre su amigo y ambos murieron.

Otro caso destacado que Jung relata fue el de una mujer que vivía por encima de sus posibilidades. Era altiva y poderosa en su vida cotidiana, pero tenía sueños perturbadores que evocaban toda clase de cosas desagradables. Cuando Jung los descubrió, ella se negó indignada a reconocerlos. Entonces, los sueños se volvieron amenazantes y llenos de referencias a los paseos que solía dar sola por el bosque, donde se entregaba a fantasías conmovedoras. Jung vio el peligro, pero ella no escuchó sus advertencias. Poco después, fue atacada brutalmente en el bosque por un pervertido sexual; de no ser por la intervención de algunas personas que oyeron sus gritos, habría muerto.

Una de las influencias a las que un individuo está expuesto en la actualidad es la propaganda política, como se ilustra en un cartel francés para un referéndum, donde se insta a votar "sí", pero se muestra el "no" de la oposición. Estas influencias, entre otras, pueden llevar a vivir de manera incongruente con la naturaleza individual, y el desequilibrio psíquico resultante debe ser compensado por el inconsciente.

No hay nada mágico en esto. Lo que los sueños comunicaron a Jung fue el deseo secreto de esa mujer de vivir una aventura similar, al igual que el alpinista buscaba inconscientemente la satisfacción de escapar definitivamente de sus dificultades. Ninguno de los dos anticipaba el alto precio que tendrían que pagar: ella sufrió múltiples fracturas y él pagó con su vida.

De esta manera, los sueños a veces pueden prever situaciones mucho antes de que ocurran realmente. No es necesariamente un milagro o una forma de premonición. Muchas crisis en la vida tienen una larga historia inconsciente. El individuo avanza hacia ellas sin darse cuenta de los peligros que se están acumulando. Pero lo que no ve conscientemente a menudo es percibido por el inconsciente, que puede transmitir esta información a través de los sueños.

Los sueños a menudo pueden advertir de esta manera; pero al parecer, con la misma frecuencia, no lo hacen. Por lo tanto, cualquier suposición de una mano benévola que detiene a tiempo es dudosa. O, para ser más positivos, parece que a veces una agencia benevolente actúa y a veces no. La mano misteriosa incluso puede señalar el camino hacia la perdición; los sueños a veces resultan ser trampas, o al menos lo parecen. A veces actúan como el oráculo de Delfos que le dijo al rey Creso que si cruzaba el río Halys, destruiría un gran reino. Solo después de ser derrotado en batalla tras cruzar el río descubrió que el reino al que se refería el oráculo era el suyo propio.

No se puede ser ingenuo cuando se trata de sueños. Provienen de un espíritu que no es del todo humano, sino más bien un susurro de la naturaleza: un espíritu tanto benevolente y generoso como cruel. Si se intenta caracterizar este espíritu, uno se acercará más a él en los reinos de las antiguas mitologías o los cuentos del bosque primordial que en la conciencia del hombre moderno. Jung no niega que la evolución de la sociedad civilizada haya traído grandes beneficios. Pero estos logros han venido a costa de enormes pérdidas, cuya magnitud apenas se ha comenzado a calcular. Parte del propósito de las comparaciones de Jung entre los estados primitivo y civilizado del hombre ha sido revelar el equilibrio entre estas pérdidas y ganancias.

El hombre primitivo estaba mucho más dirigido por sus instintos que sus descendientes "racionales" modernos, quienes han aprendido a "controlarse". En este proceso civilizador, se ha separado cada vez más la conciencia de los estratos instintivos más profundos de la psique humana, e incluso, en última instancia, de la base somática del fenómeno psíquico. Afortunadamente, no se han perdido estos estratos instintivos básicos; siguen siendo parte del inconsciente, aunque solo se expresen en forma de imágenes oníricas. Estos fenómenos instintivos, que a menudo no se reconocen por lo que son, ya que su naturaleza es simbólica, desempeñan un papel vital en lo que Jung ha llamado la función compensadora de los sueños.

Por el bien de la estabilidad mental e incluso de la salud fisiológica, el inconsciente y el consciente deben estar íntimamente conectados y, por lo tanto, moverse en líneas paralelas. Si se separan o "disocian", pueden ocurrir trastornos psicológicos. En este sentido, los símbolos oníricos son los portadores esenciales del mensaje de las partes instintivas a las racionales de la mente humana, y su interpretación enriquece la pobreza de la conciencia para que aprenda a comprender nuevamente el lenguaje olvidado de los instintos.

Por supuesto, la gente suele cuestionar esta función, ya que sus símbolos a menudo pasan desapercibidos o no se comprenden. En la vida cotidiana, la comprensión de los sueños a menudo se considera superflua. Jung ilustra esto con su experiencia con una tribu primitiva de África Oriental. Para su sorpresa, los miembros de esta tribu negaban tener sueños. Sin embargo, a través de conversaciones pacientes e indirectas, Jung pronto descubrió que tenían sueños como todos los demás, pero creían que no tenían ningún significado. "Los sueños de los hombres corrientes no significan nada", le decían. Pensaban que los únicos sueños importantes eran los de los jefes y los curanderos; estos sueños, relacionados con el bienestar de la tribu, eran muy valorados. El único inconveniente era que tanto el jefe como el curandero afirmaban que habían dejado de tener sueños significativos. Atribuían este cambio a la llegada de los británicos a su país. El comisario de distrito, el funcionario británico a cargo de ellos, había asumido la función de los "grandes sueños" que hasta entonces habían guiado el comportamiento de la tribu.

Cuando estos miembros de la tribu reconocieron que tenían sueños, pero creían que no tenían sentido, se asemejaban al hombre moderno que piensa que un sueño no tiene significado para él simplemente porque no lo entiende. Sin embargo, incluso un hombre civilizado a veces puede observar que un sueño (que puede que ni siquiera recuerde) puede alterar su estado de ánimo para bien o para mal. El sueño ha sido "comprendido", pero solo de manera subliminal. Y eso es lo que suele ocurrir. Solo en raras ocasiones, cuando un sueño es particularmente impresionante o se repite a intervalos regulares, la mayoría de la gente considera deseable una interpretación.

Aquí Jung agrega una palabra de advertencia contra el análisis poco inteligente o incompetente de los sueños. Hay personas cuya salud mental está tan desequilibrada que interpretar sus sueños puede ser extremadamente arriesgado; en tales casos, una mente muy desequilibrada está desconectada de un inconsciente igualmente irracional o "loco", y ambos no deben unirse sin tomar precauciones especiales.

Y, hablando en términos más generales, es ingenuo creer en guías sistemáticas predefinidas para la interpretación de los sueños, como si uno pudiera simplemente comprar un libro de referencia y buscar un símbolo específico. Ningún símbolo onírico puede separarse del individuo que lo sueña, y no existe una interpretación definitiva o directa de ningún sueño. Cada individuo difiere en la forma en que su inconsciente complementa o compensa su mente consciente, por lo que es imposible estar seguro de hasta qué punto los sueños y sus símbolos pueden clasificarse en absoluto.

Es cierto que hay sueños y símbolos recurrentes (Jung preferiría llamarlos "motivos") que son comunes y ocurren con frecuencia. Por ejemplo, caer, volar, ser perseguido por animales peligrosos o personas hostiles, estar mal vestido o insuficientemente vestido en lugares públicos, tener prisa o perderse en medio de una multitud, luchar con armas inútiles o estar totalmente indefenso, correr mucho sin llegar a ningún lado. Un motivo infantil típico es el sueño de hacerse infinitamente pequeño o infinitamente grande, o de transformarse de uno en otro, como en "Alicia en el País de las Maravillas", de Lewis Carroll. Pero Jung insiste una vez más en que estos motivos deben considerarse en el contexto del propio sueño, no como claves autoexplicativas.

El fenómeno del sueño recurrente es digno de mención. Hay casos en los que las personas han tenido el mismo sueño desde la infancia hasta la edad adulta. Un sueño de este tipo suele ser un intento de compensar un defecto particular en la actitud del soñador hacia la vida; o puede remontarse a un evento traumático que dejó un prejuicio específico. A veces también puede anticipar un evento futuro importante.

Jung relata que tuvo durante varios años un motivo recurrente en el que "descubría" una parte de su casa que no sabía que existía. A veces era el área donde vivían sus padres, fallecidos hace mucho tiempo, donde su padre, para su sorpresa, tenía un laboratorio donde estudiaba la anatomía comparada de los peces y su madre administraba un hotel para visitantes fantasmales. Generalmente, esta ala desconocida para los huéspedes era un antiguo edificio histórico, olvidado durante mucho tiempo, pero de su propiedad heredada. Contenía muebles antiguos interesantes, y al final de esta serie de sueños Jung descubrió una antigua biblioteca cuyos libros le eran desconocidos. Finalmente, en el último sueño, abrió uno de los libros y encontró en él una profusión de imágenes simbólicas maravillosas. Cuando despertó, su corazón latía de emoción.

Algunos meses antes de tener este último sueño de la serie, Jung había hecho un pedido a un librero de libros antiguos de una compilación clásica de alquimistas medievales. Había encontrado una cita en la literatura que pensó que podría tener alguna relación con la alquimia bizantina primitiva y quería comprobarlo. Varias semanas después de haber tenido el sueño del libro desconocido, llegó un paquete del librero. Dentro había un volumen en pergamino del siglo XVI. Estaba ilustrado con imágenes simbólicas fascinantes que le recordaron inmediatamente a las que había visto en su sueño. Dado que el redescubrimiento de los principios de la alquimia se convirtió en una parte importante del trabajo de Jung como pionero de la psicología, el motivo de su sueño recurrente se comprende fácilmente. La casa, por supuesto, era un símbolo de su personalidad y sus intereses conscientes; y el anexo desconocido representaba la anticipación de un nuevo campo de interés e investigación del que su mente consciente no era consciente en ese momento. Desde entonces, hace 30 años, no ha tenido ese sueño.

Técnicas y consideraciones en el análisis de los sueños

Jung comenzó este ensayo señalando la diferencia entre un signo y un símbolo. El signo siempre es menos que el concepto que representa, mientras que un símbolo siempre representa algo más que su significado obvio e inmediato. Además, los símbolos son productos naturales y espontáneos. Ningún genio se ha sentado nunca con una pluma o un pincel en la mano y ha dicho: "Ahora voy a inventar un símbolo". Nadie puede tomar un pensamiento más o menos racional, al que se ha llegado como conclusión lógica o por intención deliberada, y luego darle forma "simbólica". Por muy fantásticos que sean los adornos que se le pongan a una idea de este tipo, seguirá siendo un signo, vinculado al pensamiento consciente que lo sustenta, y no un símbolo que insinúa algo que aún no se conoce. En los sueños, los símbolos se producen espontáneamente porque los sueños ocurren y no se inventan; por tanto, son la principal fuente de todo nuestro conocimiento sobre el simbolismo.

Pero Jung señala que los símbolos no solo aparecen en los sueños. Se manifiestan en todo tipo de expresiones psíquicas. Hay pensamientos y sentimientos simbólicos, acciones y situaciones simbólicas. A menudo parece que incluso los objetos inanimados colaboran con el inconsciente para crear patrones simbólicos. Hay muchas historias bien documentadas de relojes que se detienen en el momento de la muerte de su propietario; una de ellas es la del reloj de péndulo del palacio de Federico el Grande en Sans Souci, que se detuvo cuando murió el emperador. Otros ejemplos comunes son los de un espejo que se rompe o un cuadro que cae cuando ocurre una muerte; o pequeñas roturas inexplicables en una casa durante una crisis emocional de alguien. Aunque los escépticos se nieguen a creer tales informes, siempre surgen historias de este tipo, y esto solo debería ser suficiente como prueba de su importancia psicológica.

Sin embargo, hay muchos símbolos (entre los más significativos) que no son individuales, sino colectivos en su naturaleza y origen. Se refieren principalmente a imágenes religiosas. Los creyentes asumen que tienen un origen divino, que han sido revelados al hombre. Los escépticos afirman rotundamente que han sido inventados. Ambos están equivocados. Es cierto, como señalan los escépticos, que los símbolos y conceptos religiosos han sido objeto de una elaboración cuidadosa y bastante consciente durante siglos. También es cierto, como insinúan los creyentes, que su origen está tan envuelto en el misterio del pasado que parecen carecer de una fuente humana. Pero en realidad son "representaciones colectivas", surgidas de sueños primitivos y fantasías creativas. Como tales, estas imágenes son manifestaciones espontáneas e involuntarias y en ningún caso invenciones intencionadas.

Este hecho, como Jung explicará más adelante, tiene una relación directa e importante con la interpretación de los sueños. Es obvio que si uno considera que el sueño es simbólico, lo interpretará de manera diferente a una persona que cree que el pensamiento o emoción energizante esencial ya es conocido y que simplemente es "disfrazado" por el sueño. En este último caso, la interpretación de los sueños tiene poco sentido, pues sólo se encuentra lo que ya se conoce.

Por eso Jung siempre ha dicho a sus alumnos: "Aprende todo lo que puedas sobre simbolismo; luego olvídalo todo cuando estés analizando un sueño". Este consejo es de tal importancia práctica que Jung se ha impuesto la norma de recordarse a sí mismo que nunca podrá entender el sueño de otra persona lo suficientemente bien como para interpretarlo correctamente. Lo ha hecho para controlar el flujo de sus propias asociaciones y reacciones, que de otro modo podrían prevalecer sobre las incertidumbres y vacilaciones del paciente. Dado que para un analista es de la mayor importancia terapéutica captar el mensaje particular de un sueño (es decir, la contribución que el inconsciente está haciendo a la mente consciente) con la mayor exactitud posible, es esencial explorar el contenido de un sueño con la mayor minuciosidad.

Jung relata un sueño que tuvo cuando trabajaba con Freud que ilustra este punto. Soñó que estaba en "su casa", aparentemente en el primer piso, en una acogedora y agradable sala de estar amueblada al estilo del siglo XVIII. Le sorprendió no haber visto nunca esa habitación y comenzó a preguntarse cómo sería la planta baja. Bajó las escaleras y descubrió que el lugar era bastante oscuro, con paredes de paneles y muebles pesados que databan del siglo XVI o incluso antes. Su sorpresa y curiosidad aumentaron. Quería ver más de toda la estructura de esta casa. Así que bajó al sótano, donde encontró una puerta que daba a unos escalones de piedra que conducían a una gran sala abovedada. El suelo estaba formado por grandes losas de piedra y las paredes parecían muy antiguas. Examinó el mortero y descubrió que estaba mezclado con astillas de ladrillo. Evidentemente, las paredes eran de origen romano. Su excitación iba en aumento. En una esquina vio un anillo de hierro sobre una losa de piedra. Levantó la losa y vio otro estrecho tramo de escaleras que conducía a una especie de cueva, que parecía ser una tumba prehistórica, con dos cráneos, algunos huesos y fragmentos rotos de cerámica. Entonces se despertó.

Si Freud, al analizar este sueño, hubiera seguido el método de Jung de explorar sus asociaciones específicas y su contexto, habría descubierto una historia de gran alcance. Pero Jung teme que lo habría descartado como un simple intento de escapar de un problema que en realidad era de Freud. El sueño es, de hecho, un breve resumen de la vida de Jung, más específicamente del desarrollo de su mente. Creció en una casa de 200 años de antigüedad, sus muebles eran en su mayoría piezas de unos 300 años, y su mayor aventura espiritual hasta entonces había sido estudiar las filosofías de Kant y Schopenhauer. La gran novedad del día era la obra de Charles Darwin. Poco antes, Jung había estado viviendo con los conceptos todavía medievales de sus padres, para quienes el mundo y los hombres seguían bajo la omnipotencia y la providencia divinas. Este mundo se había vuelto anticuado y obsoleto. Su fe cristiana se había relativizado por su encuentro con las religiones orientales y la filosofía griega. Por eso la planta baja estaba tan quieta, oscura y obviamente deshabitada.

Los intereses históricos de Jung de entonces se habían desarrollado a partir de una preocupación original por la anatomía comparada y la paleontología mientras trabajaba como ayudante en el Instituto Anatómico. Le fascinaban los huesos del hombre fósil, en particular el muy discutido Neanderthalensis y el aún más controvertido cráneo del Pithecanthropus de Dubois. De hecho, estas eran sus verdaderas asociaciones con el sueño; pero no se atrevía a mencionar el tema de los cráneos, esqueletos o cadáveres a Freud, porque había aprendido que este tema no era popular entre él. Freud abrigaba la peculiar idea de que Jung anticipaba su temprana muerte. Y sacó esta conclusión del hecho de que Jung había mostrado mucho interés por los cadáveres momificados en el llamado Bleikeller de Bremen, que visitaron juntos en 1909 cuando iban a tomar el barco hacia América.

Así que, sintiéndose muy inseguro sobre su propia psicología, Jung casi automáticamente le mintió a Freud sobre sus "asociaciones libres" para escapar de la imposible tarea de aclararle su constitución tan personal y completamente diferente.

Jung se disculpa por esta narración bastante larga del atolladero en el que se metió al contarle su sueño a Freud. Pero es un buen ejemplo de las dificultades en las que uno se ve envuelto en el curso de un verdadero análisis de los sueños. Depende en gran medida de las diferencias personales entre el analista y el analizado.

Jung pronto se dio cuenta de que Freud buscaba algún deseo suyo incompatible. Así que sugirió tentativamente que las calaveras con las que había soñado podrían referirse a ciertos miembros de su familia cuya muerte, por alguna razón, él podría desear. Esta propuesta obtuvo la aprobación de Freud, pero Jung no estaba satisfecho con una solución tan "falsa".

Mientras trataba de encontrar una respuesta adecuada a las preguntas de Freud, de pronto Jung se sintió confundido por una intuición acerca del papel que desempeña el factor subjetivo en la comprensión psicológica. Su intuición fue tan abrumadora que sólo pensó en cómo salir de este embrollo imposible, y tomó el camino fácil mediante una mentira. Esto no era ni elegante ni moralmente defendible, pero de otro modo se habría arriesgado a una pelea fatal con Freud, y Jung no se sentía capaz de hacerlo por muchas razones.

La intuición de Jung consistió en la repentina y más inesperada comprensión del hecho de que su sueño significaba él mismo, su vida y su mundo, toda su realidad contra una estructura teórica erigida por otra mente extraña por razones y propósitos propios. No era el sueño de Freud, era el de Jung; y de repente comprendió en un instante lo que significaba su sueño.

Este conflicto ilustra un punto vital sobre el análisis de los sueños. No es tanto una técnica que pueda aprenderse y aplicarse según las reglas como un intercambio dialéctico entre dos personalidades. Si se maneja como una técnica mecánica, la personalidad psíquica individual del soñador se pierde y el problema terapéutico se reduce a la simple pregunta: ¿Cuál de las dos personas en cuestión -el analista o el soñador- dominará a la otra? Jung abandonó el tratamiento hipnótico por esta misma razón, porque no quería imponer su voluntad a los demás. Quería que los procesos de curación surgieran de la propia personalidad del paciente, no de sugerencias suyas que sólo tendrían un efecto pasajero. Su objetivo era proteger y preservar la dignidad y la libertad del paciente, para que pudiera vivir su vida según sus propios deseos. En este intercambio con Freud, Jung se dio cuenta por primera vez de que antes de construir teorías generales sobre el hombre y su psique se debería aprender mucho más sobre el ser humano real con el que se tiene que tratar.

El individuo es la única realidad. Cuanto más uno se aleja del individuo hacia ideas abstractas sobre el Homo sapiens, más probabilidades tiene de caer en el error. En estos tiempos de agitación social y rápidos cambios, es deseable saber mucho más de lo que se sabe sobre el ser humano individual, ya que mucho depende de sus cualidades mentales y morales. Pero si se quiere ver las cosas en su justa perspectiva, se necesita comprender el pasado del hombre tanto como su presente. Por ello, la comprensión de los mitos y los símbolos es esencial.

La teoría de los tipos psicológicos y su relevancia en la interpretación de los sueños

En la práctica de la psicología, resulta legítimo aplicar una hipótesis a un sujeto impersonal en la mayoría de las disciplinas científicas. Sin embargo, la psicología se enfrenta ineludiblemente a la interacción viva entre dos individuos, ninguno de los cuales puede ser despojado de su personalidad subjetiva o despersonalizado de ninguna otra manera. Aunque el analista y su paciente puedan acordar abordar un problema específico de forma objetiva e impersonal, una vez que se comprometen en el proceso, toda su personalidad se ve implicada en la discusión. En este punto, solo es posible avanzar si se alcanza un entendimiento mutuo.

¿Es posible emitir un juicio objetivo sobre el resultado final? Solo si se comparan las conclusiones con las normas generalmente válidas en el entorno social al que pertenecen los individuos, teniendo en cuenta también el equilibrio mental o la "cordura" del individuo en cuestión. El resultado no puede ser una nivelación completamente colectiva del individuo para ajustarlo a las "normas" de su sociedad, ya que esto equivaldría a una condición antinatural. Una sociedad sana y normal es aquella en la que las personas discrepan habitualmente, porque el acuerdo general es relativamente raro fuera de la esfera de las cualidades humanas instintivas.

El desacuerdo funciona como vehículo de la vida mental en sociedad, pero no es un objetivo en sí mismo; el acuerdo es igualmente importante. Dado que la psicología se basa fundamentalmente en opuestos equilibrados, no puede considerarse definitivo ningún juicio que no tenga en cuenta su reversibilidad. Esto se debe a que no existe ningún punto de vista por encima o fuera de la psicología que permita formar un juicio definitivo sobre la naturaleza de la psique.

A pesar de que los sueños exigen un tratamiento individual, es necesario establecer algunas generalizaciones para clasificar y clarificar el material que el psicólogo recoge al estudiar a muchos individuos. Resulta imposible formular o enseñar cualquier teoría psicológica sin describir un gran número de casos separados y sin esforzarse por identificar lo que tienen en común y en qué difieren. Se puede elegir cualquier característica general como base, por ejemplo, distinguir entre individuos con personalidades "extravertidas" y otros "introvertidos". Esta es solo una de las muchas generalizaciones posibles, pero permite observar de inmediato las dificultades que pueden surgir si el analista es de un tipo y su paciente del otro.

Dado que cualquier análisis profundo de los sueños conduce a la confrontación de dos individuos, es evidente que habrá una gran diferencia si sus tipos de actitud son los mismos o no. Si ambos pertenecen al mismo tipo, pueden navegar felizmente durante mucho tiempo. Pero si uno es extravertido y el otro introvertido, sus puntos de vista diferentes y contradictorios pueden chocar rápidamente, en especial si no son conscientes de su propio tipo de personalidad o están convencidos de que el suyo es el único correcto. El extravertido, por ejemplo, elegirá el punto de vista mayoritario, mientras que el introvertido lo rechazará simplemente porque está de moda. Tal malentendido es bastante fácil porque el valor de uno es el no-valor del otro. El propio Freud, por ejemplo, interpretó al tipo introvertido como un individuo morbosamente preocupado por sí mismo. Sin embargo, la introspección y el autoconocimiento también pueden ser de gran valor e importancia.

En el análisis de los sueños, es esencial considerar las diferencias de personalidad. No se puede asumir que el analista sea un superhombre que esté por encima de tales diferencias, simplemente porque sea un médico con conocimientos psicológicos y una técnica correspondiente. Podría considerarse superior solo si cree que su teoría y técnica son verdades absolutas, capaces de comprender completamente la psique humana. No obstante, esta suposición es cuestionable, lo que lleva al analista a dudar de si su teoría o técnica, que son solo hipótesis o intentos, pueden enfrentarse realmente a la totalidad humana de su paciente.

La totalidad de la personalidad del analista es el único equivalente adecuado para la del paciente. La experiencia y los conocimientos psicológicos son solo ventajas para el analista y no lo eximen de ser puesto a prueba tanto como el paciente. Por lo tanto, es crucial si sus personalidades son armoniosas, conflictivas o complementarias.

La extraversión y la introversión son solo dos de las muchas características del comportamiento humano, aunque a menudo son evidentes y fáciles de reconocer. Sin embargo, ser extravertido es un criterio demasiado general para ser verdaderamente característico, ya que los individuos extravertidos difieren en muchos aspectos. Por lo tanto, Jung buscó otras características básicas para ordenar las variaciones de la individualidad humana.

Le llamó la atención la cantidad de personas que no utilizan su mente si pueden evitarlo, y aquellos que la utilizan de manera estúpida. También encontró personas inteligentes que parecían no usar sus sentidos: no veían lo evidente, no oían lo que se les decía, ni percibían su entorno. Algunos parecían vivir como si el mundo fuera estático y el futuro una repetición del pasado.

Al observar a estas personas, Jung notó que aquellos que pensaban, es decir, que aplicaban su facultad intelectual para adaptarse, eran los que utilizaban su mente. Los que no pensaban, encontraban su camino a través de sus sentimientos.

Cuando Jung menciona "sentimiento" en contraposición a "pensamiento", se refiere a juicios de valor, como agradable o desagradable. El sentimiento, como el pensamiento, es una función racional, mientras que la intuición es irracional y más cercana a la percepción sensorial.

Estos cuatro tipos funcionales son solo puntos de vista entre muchos otros para orientar la experiencia: la sensación indica la existencia de algo, el pensamiento define qué es, el sentimiento determina si es agradable o no, y la intuición señala de dónde viene y a dónde va.

Es importante entender que estos criterios no son dogmáticos, pero son útiles para clasificar el comportamiento humano y comprender los propios prejuicios.

Para comprender los sueños de alguien más, es necesario dejar de lado las propias preferencias y eliminar los prejuicios que se puedan tener. Este proceso no resulta sencillo ni cómodo, ya que implica un esfuerzo moral que no todos están dispuestos a hacer. No obstante, si el analista no se esfuerza por cuestionar su propio punto de vista y reconocer su relatividad, no logrará obtener la información correcta sobre la mente del paciente ni una visión completa de la misma. Se espera que el paciente tenga al menos cierta disposición para escuchar la opinión del analista y tomarla en serio, y a su vez, se debe conceder al paciente el mismo derecho. Esta relación es fundamental para cualquier comprensión, y es necesario recordar constantemente que en la terapia es más importante que el paciente comprenda que satisfacer las expectativas teóricas del analista. La resistencia del paciente a las interpretaciones del analista no siempre es un error; más bien, es un claro indicio de que algo no está en su lugar. Puede ser que el paciente aún no haya alcanzado el punto de comprensión necesario, o que la interpretación no encaje correctamente.

Al intentar interpretar los símbolos de los sueños de otra persona, uno se encuentra casi siempre con la dificultad de proyectar sus propias percepciones y pensamientos sobre el soñador, asumiendo erróneamente que lo que uno percibe o piensa es igualmente compartido por él. Para superar este error, Jung siempre enfatizó la importancia de considerar el contexto específico del sueño en cuestión y descartar cualquier suposición teórica sobre los sueños en general, excepto la hipótesis de que, de alguna manera, los sueños tienen sentido.

De lo anterior se desprende claramente que no se pueden establecer reglas generales para interpretar los sueños. Cuando Jung mencionó anteriormente que la función general de los sueños parece ser compensar deficiencias o distorsiones de la mente consciente, quiso decir que esta suposición proporciona el enfoque más prometedor para entender los sueños particulares. En algunos casos, esta función se puede observar claramente.

Por ejemplo, en sus escritos, Jung relata cómo un paciente tenía una opinión muy elevada de sí mismo y no era consciente del efecto irritante que su actitud de superioridad moral causaba en quienes lo conocían. Este paciente le relató un sueño en el que veía a un vagabundo ebrio revolcándose en una zanja, y su única reacción fue un comentario condescendiente: "Es terrible ver lo bajo que puede caer un hombre". Era evidente que el sueño, de naturaleza desagradable, intentaba contrarrestar la exagerada autoestima del paciente. Sin embargo, también revelaba que su actitud superior estaba compensando algo relacionado con su hermano, quien era un alcohólico. Este sueño le estaba indicando que su actitud arrogante también estaba relacionada con su hermano, tanto a nivel externo como interno.

En otro caso que Jung describe, una mujer que se jactaba de sus conocimientos en psicología tenía sueños recurrentes con otra mujer a la que no soportaba en la vida real, considerándola vanidosa y deshonesta. Sin embargo, en sus sueños, esta mujer aparecía de manera amistosa y simpática. Esto indicaba que la paciente estaba proyectando aspectos de su propia personalidad sobre esta mujer. A través de los sueños, se le estaba mostrando que tenía un complejo de poder y motivaciones ocultas que a menudo provocaba conflictos con sus amigos, a pesar de que siempre culpaba a los demás en lugar de reconocer sus propios problemas.

No solo se ignora y reprime la "sombra" de la personalidad, sino también las cualidades positivas. Por ejemplo, Jung recuerda a un hombre aparentemente modesto y discreto, pero que en sus sueños se encontraba con figuras históricas como Napoleón y Alejandro Magno. Estos sueños compensaban un complejo de inferioridad, pero también revelaban una megalomanía secreta que lo mantenía alejado de la realidad y le permitía evitar responsabilidades que otros considerarían obligatorias.

En cuanto a la forma en que se expresan los sueños, es importante comprender que tienden a ser análogos y no seguir la lógica ni la temporalidad de la vida consciente. Esto se debe a que los contenidos del sueño se conservan en un estado subliminal, donde las ideas y las imágenes son menos claras y coherentes. Los sueños no protegen al soñador de los deseos incompatibles; más bien, representan de manera natural los impulsos del inconsciente. Es por eso que a menudo parecen omitir información importante para la mente consciente y manifestar una "franja de conciencia", similar al débil brillo de las estrellas durante un eclipse solar total.

Es crucial comprender que los símbolos que emergen en los sueños son, en su mayoría, manifestaciones de una psique que opera fuera del control de la mente consciente. Su significado y propósito no son prerrogativas de la mente consciente, sino que están arraigados en la esencia misma de la naturaleza viviente. No hay una distinción fundamental entre el desarrollo orgánico y el psíquico. Así como una planta produce sus flores, la psique engendra sus propios símbolos. Cada sueño atestigua este proceso.

A través de los sueños, junto con otras formas de intuición, impulsos y acontecimientos espontáneos, las fuerzas instintivas influencian la actividad de la conciencia. La dirección de esta influencia, ya sea positiva o negativa, depende del contenido real del inconsciente. Cuando el inconsciente está abarrotado de elementos que normalmente deberían ser conscientes, su función se desvirtúa y prejuicia; surgen motivaciones que no se basan en verdaderos instintos, sino que derivan su importancia psíquica del hecho de haber sido reprimidos o descuidados. Estos motivos se superponen a la psique inconsciente normal y distorsionan su tendencia natural a expresar símbolos y motivos básicos. Por lo tanto, es comprensible que un psicoanalista, al investigar las causas de una perturbación mental, comience por obtener de su paciente una confesión más o menos voluntaria y la exploración de todo aquello que al paciente le disgusta o teme.

Este enfoque se asemeja a la antigua práctica de confesión en la Iglesia, que en muchos aspectos anticipó las técnicas psicológicas modernas. Sin embargo, en la práctica, este método puede encontrar obstáculos; sentimientos abrumadores de inferioridad o debilidad extrema pueden dificultar, incluso imposibilitar, que el paciente confronte nuevas pruebas de su propia insuficiencia. Por esta razón, a menudo resulta beneficioso comenzar ofreciendo al paciente una perspectiva positiva que le brinde seguridad al enfrentar percepciones más dolorosas.

Por ejemplo, al considerar un sueño de "exaltación personal" en el que uno se ve tomando el té con la reina de Inglaterra o estableciendo una relación íntima con el Papa, si el soñador no padece esquizofrenia, la interpretación práctica de este símbolo depende en gran medida de su estado mental presente, es decir, de la condición de su yo. Si el soñador sobrestima su propio valor, se puede demostrar fácilmente, a partir de los materiales producidos por las asociaciones de ideas, lo inapropiadas e infantiles que son sus intenciones y cuánto se derivan de deseos infantiles de igualar o superar a sus padres. Sin embargo, si se trata de un caso de inferioridad, donde un sentimiento de inutilidad prevalece sobre los aspectos positivos de la personalidad del soñador, sería completamente contraproducente deprimirlo aún más mostrándole lo infantil, ridículo o incluso perverso de sus aspiraciones. Esto solo aumentaría su inferioridad y provocaría una resistencia innecesaria al tratamiento.

No existe una técnica o doctrina terapéutica que sea universalmente aplicable, ya que cada caso es único en su propia condición. Jung recuerda a un paciente que trató durante nueve años, viéndolo solo unas semanas al año debido a que vivía en el extranjero. Desde el principio, Jung comprendió cuál era su verdadero problema, pero también reconoció que cualquier intento de acercarse a la verdad desencadenaría una violenta reacción defensiva que podría poner en riesgo su relación. Tuvo que mantener la conexión y seguir la inclinación del paciente, basada en sus sueños, que desviaban la discusión de la raíz de su neurosis. A menudo, el paciente se sentía tan alejado de la verdad que acusaba a Jung de extraviarlo. Solo la mejora gradual de su estado le impidió a Jung confrontarlo brutalmente con la verdad.

Después de diez años, el paciente declaró que estaba curado y liberado de todos sus síntomas. Su recuperación sorprendió a Jung, ya que en teoría su enfermedad era incurable. Al notar el asombro de Jung, el paciente sonrió y expresó: "Le agradezco especialmente su infalible tacto y paciencia al ayudarme a evitar la dolorosa causa de mi neurosis. Ahora estoy listo para hablar de todo. Si hubiera podido hacerlo libremente desde el principio, lo habría hecho en nuestra primera consulta.

Pero eso habría arruinado nuestra relación. ¿Dónde habría estado entonces? Me habría sentido moralmente destrozado. A lo largo de diez años, aprendí a confiar en usted, y a medida que aumentaba mi confianza, mejoraba mi estado. Me curé porque este proceso gradual restauró mi confianza en mí mismo. Ahora soy lo suficientemente fuerte como para abordar el problema que me estaba destruyendo". Luego, el paciente hizo una confesión franca sobre su problema, revelando a Jung las razones detrás del peculiar curso que había tomado su tratamiento. La conmoción inicial había sido demasiado abrumadora para que él la enfrentara solo. Necesitaba la ayuda de otro, y la tarea terapéutica era establecer lentamente la confianza en lugar de demostrar una teoría clínica.

A partir de casos como este, Jung aprendió a adaptar sus métodos a las necesidades individuales del paciente, en lugar de aferrarse a consideraciones teóricas generales que podrían ser inaplicables en situaciones particulares. Sesenta años de experiencia práctica le enseñaron a considerar cada caso como único, y aprendió a buscar un enfoque individual en cada uno. A veces, esto implicaba sumergirse en un estudio minucioso de las experiencias y fantasías infantiles del paciente; otras veces, significaba iniciar desde lo más alto, incluso si eso conllevaba especulaciones metafísicas remotas. Todo dependía de aprender el lenguaje del paciente y seguir las pistas de su inconsciente hacia la claridad. Algunos casos requerían un enfoque específico, mientras que otros necesitaban otro.

Para Jung estaba claro que el sueño estaba transmitiendo al joven lo que debía hacer. Sin embargo, para el anciano, revelaba lo que seguía haciendo en realidad. Mientras que el joven necesitaba aliento y apoyo, el anciano no tenía tanta necesidad de aliento; de hecho, el espíritu emprendedor que aún perduraba en él era su mayor problema. Este ejemplo ilustra cómo la interpretación de los sueños y los símbolos depende en gran medida de las circunstancias individuales del soñador y del estado de su mente.

En una sección anterior, Jung sugirió que los sueños sirven para compensar. Esta idea implica que el sueño es un fenómeno psíquico normal que transmite a la conciencia reacciones inconscientes o impulsos espontáneos. Muchos sueños pueden interpretarse con la ayuda del soñador, quien proporciona tanto las asociaciones como el contexto de la imagen onírica, permitiendo así la comprensión de todos sus aspectos.

Este enfoque es efectivo en casos comunes, como cuando un familiar, amigo o paciente comparte un sueño durante una conversación. Sin embargo, cuando se trata de sueños obsesivos o altamente emotivos, las asociaciones personales del soñador a menudo no son suficientes para una interpretación completa. En tales situaciones, se debe tener en cuenta un hecho señalado por primera vez por Freud: en los sueños suelen aparecer elementos que no son individuales y que no pueden atribuirse a la experiencia personal del soñador. Estos elementos, como Jung mencionó anteriormente, son lo que Freud llamó "restos arcaicos", formas mentales cuya presencia no puede explicarse por la vida del individuo y que parecen ser formas primitivas, innatas y heredadas de la mente humana.

Así como el cuerpo humano representa un compendio de órganos, cada uno con una larga historia evolutiva, también se puede esperar encontrar una organización similar en la mente. La mente no puede ser más un producto sin historia que el cuerpo en el que reside. Con "historia" no sólo se refiere a la referencia consciente al pasado a través del lenguaje y otras tradiciones culturales, sino al desarrollo biológico, prehistórico e inconsciente de la mente en el hombre antiguo, cuya psique estaba estrechamente vinculada a la del animal.

Esta psique antiquísima constituye la base de la mente humana, así como la estructura del cuerpo se basa en el patrón anatómico general del mamífero. Al igual que el anatomista o biólogo encuentra rastros de este patrón original en los cuerpos humanos, el investigador experimentado de la mente puede reconocer las analogías entre las imágenes oníricas del hombre moderno y los productos de la mente primitiva, como sus "imágenes colectivas" y motivos mitológicos.

No obstante, al igual que el biólogo requiere de la anatomía comparada, el psicólogo no puede prescindir de una "anatomía comparada de la psique". En la práctica, esto significa que el psicólogo debe tener experiencia no solo en sueños y otros productos de la actividad inconsciente, sino también en mitología en su sentido más amplio. Sin este conocimiento, uno no puede reconocer importantes analogías; por ejemplo, no es posible comprender la similitud entre un caso de neurosis obsesiva y la posesión demoníaca clásica sin una comprensión práctica de ambos.

Las ideas de Jung sobre los "restos arcaicos", que él denomina "arquetipos" o "imágenes primordiales", han sido objeto de críticas constantes por parte de aquellos que carecen de conocimientos suficientes sobre la psicología de los sueños y la mitología. A menudo, el término "arquetipo" se malinterpreta como referido a ciertas imágenes o motivos mitológicos específicos. Sin embargo, estas representaciones son simplemente eso, representaciones conscientes; sería absurdo suponer que tales representaciones variables pueden ser heredadas.

El arquetipo es una tendencia a formar representaciones de un motivo, representaciones que pueden variar mucho en detalle sin perder su patrón básico. Por ejemplo, hay muchas representaciones del motivo de los hermanos hostiles, pero el motivo en sí sigue siendo el mismo. Los críticos de Jung a menudo malinterpretan esto como "representaciones heredadas", lo que lleva a desestimar la idea del arquetipo como mera superstición. Sin embargo, no tienen en cuenta que si los arquetipos fueran representaciones originadas en la conciencia humana (o adquiridas por ella), se podrían comprender, en lugar de suscitar perplejidad y asombro cuando aparecen en la conciencia. De hecho, son una tendencia instintiva tan arraigada como el impulso de los pájaros a construir nidos o el de las hormigas a formar colonias organizadas.

Aquí Jung aclara la relación entre los instintos y los arquetipos: los instintos propiamente dichos son impulsos fisiológicos, perceptibles por los sentidos. Sin embargo, también se manifiestan en las fantasías y a menudo solo revelan su presencia mediante imágenes simbólicas. Estas manifestaciones son lo que Jung llama los arquetipos. Carecen de un origen conocido y se reproducen en cualquier época o lugar del mundo, incluso cuando no se puede atribuir a la transmisión por descendencia directa o a la "fecundación cruzada" a través de la migración.

Jung relata que muchas personas lo consultaron porque estaban desconcertadas por sus propios sueños o los de sus hijos. No entendían los términos de los sueños en absoluto. La razón era que los sueños contenían imágenes que no podían relacionar con nada que recordaran o que hubieran transmitido a sus hijos. Algunos de estos pacientes eran muy cultos, incluso psiquiatras.

Jung recuerda claramente el caso de un profesor que experimentó una visión repentina y creyó que estaba perdiendo la razón. Llegó con un estado de pánico absoluto. Jung tomó un libro de la estantería, que tenía unos 400 años de antigüedad, y le mostró un antiguo grabado en madera que representaba exactamente su visión. "No hay motivo para que pienses que estás loco", le dijo Jung. "Hace 400 años ya conocían tu visión". Con estas palabras, el ánimo del profesor se desinfló por completo, volviendo a sentirse normal.

Otro caso muy notable que Jung recibió fue el de un hombre que era psiquiatra. Un día le trajo un folleto manuscrito que le había regalado su hija de diez años por Navidad. Este folleto contenía una serie de sueños que ella había tenido cuando tenía ocho años. Eran los sueños más extraños que Jung jamás había visto, y entendía perfectamente por qué su padre estaba tan desconcertado. Aunque eran infantiles, los sueños eran extraños y contenían imágenes cuyo origen era totalmente incomprensible para el padre. A continuación, se detallan los motivos relevantes de esos sueños:

1. "El animal maligno": un monstruo con forma de serpiente y muchos cuernos mata y devora a todos los demás animales. Sin embargo, Dios llega desde las cuatro esquinas, siendo en realidad cuatro dioses diferentes, y hace renacer a todos los animales muertos.

2. Un ascenso al cielo, donde se celebran danzas paganas; y un descenso al infierno, donde los ángeles realizan buenas obras.

3. Una horda de pequeños animales asusta a la soñadora. Los animales crecen hasta alcanzar un tamaño tremendo, y uno de ellos devora a la niña.

4. Un pequeño ratón es penetrado por gusanos, serpientes, peces y seres humanos. De esta forma, el ratón se convierte en humano. Esto representa las cuatro etapas del origen de la humanidad.

5. Se ve una gota de agua, tal como aparece bajo un microscopio. La niña ve que la gota está llena de ramas de árbol. Esto representa el origen del mundo.

6. Un niño malo tiene un terrón de tierra y lanza trozos a todo el que pasa. De este modo, todos los transeúntes se vuelven malos.

7. Una mujer borracha cae al agua y sale renovada y sobria.

8. La escena se sitúa en América, donde muchas personas se revuelcan en un hormiguero, siendo atacadas por las hormigas. La soñadora, presa del pánico, cae a un río.

9. Hay un desierto en la Luna donde la soñadora se hunde tanto en la tierra que llega al infierno.

10. En este sueño, la chica tiene una visión de una bola luminosa. La toca. De ella emanan vapores. Un hombre viene y la mata.

11. La muchacha sueña que está peligrosamente enferma. De repente, salen pájaros de su piel y la cubren por completo.

12. Enjambres de mosquitos tapan el sol, la luna y todas las estrellas, excepto una. Esa estrella cae sobre la soñadora.

En el original alemán íntegro, cada sueño comienza con las palabras del viejo cuento de hadas: "Érase una vez ...." Con estas palabras, la pequeña soñadora sugiere que siente como si cada sueño fuera una especie de cuento de hadas, que quiere contar a su padre como regalo de Navidad. El padre intentó explicar los sueños en función de su contexto, pero no pudo hacerlo, ya que no parecía haber asociaciones personales con ellos.

La posibilidad de que estos sueños fueran elaboraciones conscientes solo puede ser descartada por alguien que conociera lo suficiente a la niña como para estar absolutamente seguro de su veracidad. (Sin embargo, seguirían siendo un desafío para la comprensión incluso si fueran fantasías). En este caso, el padre estaba convencido de que los sueños eran auténticos, y Jung no tenía motivos para dudarlo. Él mismo conoció a la niña, pero fue antes de que le contara sus sueños a su padre, por lo que no tuvo ocasión de preguntarle por ellos. Ella vivía en el extranjero y murió de una enfermedad infecciosa un año después de esa Navidad.

Sus sueños tienen un carácter decididamente peculiar. Sus pensamientos principales tienen un marcado carácter filosófico. El primero, por ejemplo, habla de un monstruo maligno que mata a otros animales, pero Dios los hace renacer a todos mediante una Apokatastasis divina, o restitución. En el mundo occidental, esta idea se conoce a través de la tradición cristiana. Se encuentra en los Hechos de los Apóstoles III:21: "[Cristo] a quien el cielo debe recibir hasta el tiempo de la restitución de todas las cosas....". Los primeros Padres griegos de la Iglesia (por ejemplo, Orígenes) insistieron especialmente en la idea de que, al final de los tiempos, todo será restituido por el Redentor a su estado original y perfecto. Pero, según San Mateo XVII:11, ya existía una antigua tradición judía según la cual Elías "en verdad vendrá primero y restaurará todas las cosas." I Corintios XV:22 se refiere a la misma idea con las siguientes palabras: "Porque así como en Adán todos mueren, también en Cristo todos serán vivificados".

Nueve de los doce sueños están influenciados por el tema de la destrucción y la restauración. Sorprendentemente, ninguno de estos sueños muestra rastros de educación o influencia cristiana específica. Por el contrario, están más estrechamente relacionados con los mitos primitivos. Esta relación se ve respaldada por el otro motivo: el "mito cosmogónico" (la creación del mundo y del hombre) que aparece en los sueños cuarto y quinto. Esta misma relación se encuentra en I Corintios XV:22, que Jung acaba de citar. También en este pasaje se vinculan Adán y Cristo (muerte y resurrección).

La idea general de Cristo Redentor pertenece al tema mundial y anterior a Cristo del héroe y salvador que, aunque ha sido devorado por un monstruo, aparece de nuevo de forma milagrosa, habiendo vencido al monstruo que se lo tragó. Nadie sabe cuándo y dónde se originó tal motivo. Ni siquiera se sabe cómo investigar el problema. La única certeza aparente es que cada generación parece haberlo conocido como una tradición transmitida desde algún tiempo anterior. Así pues, se puede suponer sin temor a equivocarse que "se originó" en una época en la que el hombre aún no sabía que poseía un mito de héroe; en una época, es decir, en la que aún no reflexionaba conscientemente sobre lo que decía. La figura del héroe es un arquetipo que existe desde tiempos inmemoriales.

La producción de arquetipos por parte de niños es especialmente significativa, porque a veces se puede estar bastante seguro de que un niño no ha tenido acceso directo a la tradición en cuestión. En este caso, la familia de la niña sólo tenía un conocimiento superficial de la tradición cristiana. Los temas cristianos pueden, por supuesto, estar representados por ideas como Dios, los ángeles, el cielo, el infierno y el mal. Pero la forma en que son tratados por este niño apunta a un origen totalmente no cristiano.

Tomemos el primer sueño del Dios que realmente consiste en cuatro dioses que vienen de las "cuatro esquinas". ¿Las esquinas de qué? En el sueño no se menciona ninguna habitación. Una habitación ni siquiera encajaría en el cuadro de lo que evidentemente es un acontecimiento cósmico, en el que interviene el propio Ser Universal. La cuaternidad (o elemento de "cuaternidad") en sí es una idea extraña, pero que desempeña un gran papel en muchas religiones y filosofías. En la religión cristiana, ha sido sustituida por la Trinidad, una noción que debemos suponer que era conocida por el niño. Pero, ¿quién, en una familia corriente de clase media de hoy, podría conocer una cuaternidad divina? Se trata de una idea que fue bastante conocida entre los estudiantes de filosofía hermética de la Edad Media, pero que se extinguió a principios del siglo XVIII y ha quedado totalmente obsoleta desde hace al menos 200 años. Entonces, ¿de dónde lo sacó la niña? ¿De la visión de Ezequiel? Pero no hay ninguna enseñanza cristiana que identifique a los serafines con Dios.

La misma pregunta puede hacerse sobre la serpiente con cuernos. En la Biblia, es cierto, hay muchos animales con cuernos -en el Apocalipsis, por ejemplo-. Pero todos ellos parecen ser cuadrúpedos, aunque su señor es el dragón, cuya palabra griega (drakon) también significa serpiente. La serpiente con cuernos aparece en la alquimia latina del siglo XVI como quadricornutus serpens (serpiente de cuatro cuernos), símbolo de Mercurio y antagonista de la Trinidad cristiana. Pero se trata de una referencia oscura. Por lo que Jung pudo descubrir, sólo la hace un autor y esta niña no tenía medios para conocerla.

En el segundo sueño, aparece un motivo que es definitivamente no cristiano y que contiene una inversión de los valores aceptados -por ejemplo, danzas paganas de hombres en el cielo y buenas acciones de ángeles en el infierno. Este símbolo sugiere una relatividad de los valores morales. ¿Dónde encontró la niña una noción tan revolucionaria, digna del genio de Nietzsche?

Estas preguntas llevan a otra: ¿Cuál es el significado compensatorio de estos sueños, a los que la niña atribuyó evidentemente tanta importancia que se los regaló a su padre por Navidad?

Si la soñadora hubiera sido una curandera primitiva, se podría suponer razonablemente que representan variaciones de los temas filosóficos de la muerte, de la resurrección o restitución, del origen del mundo, de la creación del hombre y de la relatividad de los valores. Pero uno podría renunciar a tales sueños por considerarlos irremediablemente difíciles si tratara de interpretarlos desde un plano personal. Sin duda contienen "imágenes colectivas", y son en cierto modo análogas a las doctrinas que se enseñan a los jóvenes en las tribus primitivas cuando están a punto de iniciarse como hombres. En esos momentos aprenden lo que Dios, o los dioses, o los animales "fundadores" han hecho, cómo fueron creados el mundo y el hombre, cómo llegará el fin del mundo y el significado de la muerte. ¿Hay alguna ocasión en la que en la civilización cristiana se den instrucciones similares? La hay: en la adolescencia. Pero mucha gente empieza a pensar de nuevo en cosas así en la vejez, cuando se acerca la muerte.

La niña, como sucedió, se encontraba en ambas situaciones. Se acercaba a la pubertad y, al mismo tiempo, al final de su vida. Poco o nada en el simbolismo de sus sueños apunta al comienzo de una vida adulta normal, pero hay muchas alusiones a la destrucción y la restauración. Cuando Jung leyó sus sueños por primera vez, tuvo la extraña sensación de que sugerían un desastre inminente. La razón por la que tuvo esa sensación fue la peculiar naturaleza de la compensación que dedujo del simbolismo. Era lo contrario de lo que uno esperaría encontrar en la conciencia de una niña de esa edad.

Estos sueños abren un aspecto nuevo y bastante aterrador de la vida y la muerte. Uno esperaría encontrar tales imágenes en una persona que envejece y mira hacia atrás en la vida, en lugar de recibirlas de una niña que normalmente miraría hacia adelante. Su atmósfera recuerda el viejo dicho romano: "La vida es un sueño corto", en lugar de la alegría y la exuberancia de su primavera. Porque la vida de este niño era como un ver sacrum vovendum (el voto de un sacrificio vernal), como dice el poeta romano. La experiencia demuestra que la proximidad desconocida de la muerte proyecta una adumbratio (una sombra anticipatoria) sobre la vida y los sueños de la víctima. Incluso el altar de las iglesias cristianas representa, por un lado, una tumba y, por otro, un lugar de resurrección: la transformación de la muerte en vida eterna.

Tales son las ideas que los sueños transmitían al niño. Eran una preparación para la muerte, expresada a través de relatos breves, como los cuentos que se contaban en las iniciaciones primitivas o los Koans del budismo zen. Este mensaje no se parece a la doctrina cristiana ortodoxa, sino más bien al antiguo pensamiento primitivo. Parece haberse originado fuera de la tradición histórica, en las fuentes psíquicas olvidadas que, desde la prehistoria, han alimentado las especulaciones filosóficas y religiosas sobre la vida y la muerte.

Parecía como si los eventos por venir lanzaran su sombra hacia atrás, despertando ciertas formas de pensamiento en el niño que, aunque normalmente latentes, describen o acompañan la cercanía de un destino inevitable. Aunque la forma específica en que se manifiestan es más o menos personal, su patrón general es compartido. Se encuentran en todas partes y en todo momento, al igual que los instintos animales que varían mucho entre diferentes especies pero sirven a propósitos generales similares. No se asume que cada animal recién nacido crea sus propios instintos como una adquisición individual, y de la misma manera, no se debe suponer que los seres humanos inventan sus modos humanos específicos con cada nuevo nacimiento. Al igual que los instintos, los patrones de pensamiento colectivo de la mente humana son innatos y heredados. Funcionan, cuando se presentan, de manera más o menos similar en todos.

Las expresiones emocionales, a las que pertenecen estos patrones de pensamiento, son reconociblemente las mismas en todo el mundo. Incluso se pueden identificar en los animales, y los propios animales se comprenden entre sí en este aspecto, incluso si pertenecen a especies diferentes. ¿Y qué decir de los insectos, con sus complejas funciones simbióticas? La mayoría de ellos ni siquiera conocen a sus padres y no tienen a nadie que les enseñe. ¿Por qué, entonces, suponer que el hombre es el único ser vivo desprovisto de instintos específicos, o que su psique carece de toda marca de su evolución?

Naturalmente, si se equipara la psique con la conciencia, se podría fácilmente caer en la idea errónea de que el hombre llega al mundo con una psique vacía, y que en los años posteriores no contiene nada más que lo aprendido por experiencia individual. Pero la psique es más que la conciencia. Los animales tienen poca conciencia, pero muestran muchos impulsos y reacciones que indican la existencia de una psique; y los seres humanos primitivos hacen muchas cosas cuyo significado desconocen.

Se podría preguntar en vano a muchas personas civilizadas sobre el verdadero significado del árbol de Navidad o del huevo de Pascua. El hecho es que hacen cosas sin saber por qué las hacen. Jung supone que, en general, las cosas se hicieron primero y que solo mucho tiempo después alguien se preguntó por qué se hicieron. El psicólogo médico se enfrenta constantemente a pacientes por lo demás inteligentes que se comportan de manera peculiar e impredecible y que no tienen ni idea de lo que dicen o hacen. De repente se ven atrapados por estados de ánimo irracionales que ellos mismos no pueden explicar.

Superficialmente, estas reacciones e impulsos parecen ser de naturaleza íntimamente personal, por lo que se descartan como comportamiento idiosincrásico. En realidad, se basan en un sistema instintivo preformado y siempre listo que es característico del hombre. Las formas de pensamiento, los gestos universalmente comprensibles y muchas actitudes siguen un patrón que se estableció mucho antes de que el hombre desarrollara una conciencia reflexiva.

Es incluso concebible que los orígenes primitivos de la capacidad del hombre para reflexionar provengan de las dolorosas consecuencias de violentos choques emocionales. Jung toma como ejemplo al bosquimano que, en un momento de ira y decepción por no haber pescado nada, estrangula a su hijo único, al que tanto quiere, y luego siente un inmenso pesar mientras sostiene el pequeño cadáver en sus brazos. Un hombre así podría recordar este momento de dolor para siempre.

No se puede saber si este tipo de experiencia fue realmente la causa inicial del desarrollo de la conciencia humana. Pero no hay duda de que a menudo se necesita el choque de una experiencia emocional similar para que la gente despierte y preste atención a lo que está haciendo. Es famoso el caso de un hidalgo español del siglo XIII, Raimon Lull, que finalmente (tras una larga persecución) consiguió encontrarse con la dama que admiraba en una cita secreta. Ella se abrió silenciosamente el vestido y le mostró su pecho, podrido de cáncer. La conmoción cambió la vida de Lull, que acabó convirtiéndose en un eminente teólogo y uno de los mayores misioneros de la Iglesia. En el caso de un cambio tan repentino, a menudo se puede comprobar que un arquetipo ha estado trabajando durante mucho tiempo en el inconsciente, organizando hábilmente las circunstancias que conducirán a la crisis.

Tales experiencias parecen demostrar que los patrones arquetípicos no son solo patrones estáticos. Son factores dinámicos que se manifiestan en impulsos, tan espontáneamente como los instintos. Ciertos sueños, visiones o pensamientos pueden aparecer de repente; y por mucho que se investigue, no se puede averiguar qué los provoca. Esto no quiere decir que no tengan causa; ciertamente la tienen. Pero es tan remota u oscura que no se puede ver cuál es. En tal caso, hay que esperar a que se comprenda suficientemente el sueño y su significado, o a que se produzca algún acontecimiento externo que explique el sueño.

En el momento del sueño, este acontecimiento puede estar todavía en el futuro. Pero al igual que los pensamientos conscientes se ocupan a menudo del futuro y sus posibilidades, lo mismo ocurre con el inconsciente y sus sueños. Durante mucho tiempo ha existido la creencia general de que la función principal de los sueños es pronosticar el futuro. En la antigüedad, y hasta la Edad Media, los sueños desempeñaban su papel en el pronóstico médico. Jung puede confirmar mediante un sueño moderno el elemento de pronóstico (o precognición) que se encuentra en un sueño antiguo citado por Artemidoro de Daldis, en el siglo II d.C.: Un hombre soñó que veía morir a su padre entre las llamas de una casa en llamas. No mucho después, él mismo murió en un flemón (fuego o fiebre alta), que Jung presume que era neumonía.

Sucedió que un colega de Jung sufrió una vez una fiebre gangrenosa mortal, de hecho, un flemón. Un antiguo paciente suyo, que no conocía la naturaleza de la enfermedad de su médico, soñó que éste moría en un gran incendio. En aquel momento el médico acababa de ingresar en un hospital y la enfermedad no había hecho más que empezar. El soñador sólo sabía que su médico estaba enfermo e ingresado en un hospital. Tres semanas más tarde, el médico murió.

Como evidencia este ejemplo, los sueños pueden tener un aspecto anticipatorio o pronóstico, y aquellos que intentan interpretarlos deben considerar esto, en especial cuando un sueño claramente significativo no proporciona un contexto suficiente para explicarlo. A menudo, un sueño de este tipo surge sin aparente motivo, y uno se pregunta qué pudo haberlo provocado. Por supuesto, si se conociera su mensaje futuro, su causa sería clara. Parece que el inconsciente ya está informado y ha llegado a una conclusión que se expresa en el sueño. De hecho, el inconsciente parece capaz de examinar los hechos y sacar conclusiones de ellos, al igual que la conciencia. Incluso puede anticipar ciertos hechos y sus posibles resultados, simplemente porque la consciencia no es consciente de ellos.

Sin embargo, en lo que respecta a los sueños, el inconsciente lleva a cabo sus deliberaciones de manera instintiva. Esta distinción es crucial. El análisis lógico es prerrogativa de la conciencia; se selecciona con razón y conocimiento. En cambio, el inconsciente parece guiarse principalmente por tendencias instintivas, representadas por formas de pensamiento correspondientes, es decir, por los arquetipos. Por ejemplo, un médico que describe el curso de una enfermedad utilizará conceptos racionales como "infección" o "fiebre". En cambio, el sueño es más poético. Presenta el cuerpo enfermo como la casa terrenal de un hombre y la fiebre como el fuego que la está destruyendo.

Como se muestra en el sueño anterior, la mente arquetípica ha manejado la situación de la misma manera que en los tiempos de Artemidoro. Algo de naturaleza más o menos desconocida ha sido captado intuitivamente por el inconsciente y sometido a un tratamiento arquetípico. Esto sugiere que, en lugar del proceso de razonamiento que habría aplicado el pensamiento consciente, la mente arquetípica ha intervenido y se ha hecho cargo de la tarea de pronosticar. Así pues, los arquetipos tienen su propia iniciativa y su propia energía específica. Estos poderes les permiten tanto producir una interpretación significativa (en su propio estilo simbólico) como interferir en una situación dada con sus propios impulsos y formaciones de pensamiento. En este sentido, funcionan como complejos; van y vienen a su antojo y, a menudo, obstruyen o modifican las intenciones conscientes de manera embarazosa.

Se puede percibir la energía específica de los arquetipos cuando se experimenta la peculiar fascinación que los acompaña. Parecen tener un hechizo especial. Tal cualidad peculiar también es característica de los complejos personales; y al igual que los complejos personales tienen su historia individual, también los complejos sociales de carácter arquetípico la tienen. Pero mientras que los complejos personales nunca producen más que un sesgo personal, los arquetipos crean mitos, religiones y filosofías que influyen y caracterizan naciones y épocas enteras de la historia. Se consideran los complejos personales como compensaciones de actitudes unilaterales o defectuosas de la conciencia; de manera similar, los mitos de naturaleza religiosa pueden interpretarse como una especie de terapia mental para los sufrimientos y ansiedades de la humanidad en general, como el hambre, la guerra, la enfermedad, la vejez y la muerte.

El mito del héroe universal, por ejemplo, siempre se refiere a un hombre poderoso o un hombre-dios que vence al mal en forma de dragones, serpientes, monstruos, demonios, etc., y que libera a su pueblo de la destrucción y la muerte. La narración o repetición ritual de textos y ceremonias sagradas, y el culto a tal figura con danzas, música, himnos, oraciones y sacrificios, embargan al público con emociones numinosas (como si se tratara de hechizos mágicos) y exaltan al individuo hasta identificarlo con el héroe.

Si se intenta ver esta situación con los ojos del creyente, quizás se pueda entender cómo el hombre corriente puede liberarse de su impotencia y miseria personales y ser dotado (al menos temporalmente) de una cualidad casi sobrehumana. A menudo, esta convicción lo sostiene durante mucho tiempo y le da un cierto estilo a su vida. Puede incluso marcar la pauta de toda una sociedad. Un ejemplo notable de esto son los misterios de Eleusis, que fueron finalmente suprimidos a principios del siglo VII de la era cristiana. Expresaban, junto con el oráculo de Delfos, la esencia y el espíritu de la antigua Grecia. A una escala mucho mayor, la propia era cristiana debe su nombre y su significado al antiguo misterio del hombre-dios, que tiene sus raíces en el mito arquetípico de Osiris-Horus del antiguo Egipto.

Es comúnmente asumido que en algún momento de la prehistoria, las ideas mitológicas básicas fueron "inventadas" por un antiguo filósofo o profeta inteligente, y desde entonces "creídas" por un pueblo crédulo y acrítico. Se dice que las historias contadas por un sacerdocio ávido de poder no son "verdaderas", sino meras "ilusiones". Pero la propia palabra "inventar" deriva del latín invenire, y significa "encontrar" y, por lo tanto, encontrar algo "buscándolo". En este último caso, la palabra alude a cierto conocimiento previo de lo que se va a encontrar.

Volviendo a las extrañas ideas contenidas en los sueños de la niña, parece poco probable que ella las buscara, ya que se sorprendió al encontrarlas. Más bien, le ocurrieron como historias peculiares e inesperadas, que le parecieron lo bastante notables como para regalárselas a su padre por Navidad. Sin embargo, al hacerlo, las elevó a la esfera del misterio cristiano aún vivo: el nacimiento del Señor, mezclado con el secreto del árbol de hoja perenne que lleva la Luz recién nacida. (Esta es la referencia del quinto sueño).

Aunque existen amplias pruebas históricas de la relación simbólica entre Cristo y el símbolo del árbol, los padres de la niña se habrían sentido gravemente avergonzados si se les hubiera pedido que explicaran exactamente lo que querían decir al decorar un árbol con velas encendidas para celebrar la natividad de Cristo. "¡Oh, es solo una costumbre navideña!", habrían dicho. Una respuesta seria requeriría una disertación de largo alcance sobre el simbolismo antiguo del dios moribundo y su relación con el culto a la Gran Madre y su símbolo, el árbol, por mencionar solo un aspecto de este complicado problema.

A medida que se exploran los orígenes de una "imagen colectiva" (o, en términos eclesiásticos, de un dogma), se descubre una red aparentemente interminable de patrones arquetípicos que, antes de los tiempos modernos, nunca fueron objeto de una reflexión consciente. Así, paradójicamente, se sabe más sobre el simbolismo mitológico que cualquier generación anterior. En el pasado, los hombres no reflexionaban sobre sus símbolos; los vivían y estaban inconscientemente impregnados de su significado.

Jung ilustra esto con una experiencia que tuvo una vez con los primitivos del Monte Elgon en África. Cada mañana, al amanecer, salían de sus chozas y respiraban o escupían en sus manos, que luego extendían hacia los primeros rayos del sol, como si ofrecieran su aliento o su saliva al dios naciente: mungu. Cuando Jung les preguntó qué significaba este acto, o por qué lo hacían, se quedaron completamente desconcertados. Solo pudieron decir: "Siempre lo hemos hecho. Siempre se ha hecho cuando sale el sol". Se rieron ante la idea de que el sol fuera mungu. De hecho, mungu no es el sol cuando está en lo alto; mungu es el momento real de la salida del sol.

Lo que hacían era evidente para Jung, pero no para ellos; simplemente lo llevaban a cabo, sin reflexionar nunca sobre ello. Por lo tanto, eran incapaces de explicarlo. Jung llegó a la conclusión de que estaban ofreciendo sus almas a mungu, porque el aliento (de vida) y la saliva representan la "sustancia-alma". Respirar o escupir sobre algo transmite un efecto "mágico", como cuando Cristo utilizó saliva para curar a los ciegos, o cuando un hijo inhala el último aliento de su padre moribundo para apoderarse del alma del padre. Es muy improbable que estos africanos, incluso en un pasado remoto, supieran más sobre el significado de su ceremonia. De hecho, sus antepasados probablemente sabían aún menos, porque eran más profundamente inconscientes de sus motivos y pensaban menos en sus actos.

Como acertadamente dice Fausto de Goethe: "Im Anfang war die Tat [En el principio fue el hecho]". Los "hechos" nunca fueron inventados, sino realizados; los pensamientos, por otro lado, son un descubrimiento relativamente tardío del hombre. Primero fue impulsado a la acción por factores inconscientes; solo mucho después comenzó a reflexionar sobre las causas que lo habían impulsado; y le llevó mucho tiempo llegar a la absurda idea de que debía haberse movido a sí mismo, ya que su mente era incapaz de identificar otra fuerza motivadora que no fuera la suya propia.

La gente debería reírse de la idea de que una planta o un animal se inventen a sí mismos; sin embargo, hay muchas personas que creen que la psique o la mente se inventaron a sí mismas y, por lo tanto, fueron las creadoras de su propia existencia. De hecho, la mente ha crecido hasta su estado actual de conciencia como una bellota crece hasta convertirse en un roble o como los saurios se desarrollaron hasta convertirse en mamíferos. Así como se ha estado desarrollando durante tanto tiempo, así sigue desarrollándose, y así los seres humanos son movidos tanto por fuerzas internas como por estímulos externos.

Estos motivos internos brotan de una fuente profunda que no está hecha por la conciencia y no está bajo su control. En la mitología de épocas anteriores, estas fuerzas se llamaban mana, o espíritus, demonios y dioses. Hoy en día, siguen tan activas como siempre. Si se ajustan a los deseos humanos, se las llama corazonadas o impulsos felices y la gente se felicita por ser inteligente. Si van en contra, se dice que es mala suerte, o que ciertas personas están en contra, o que la causa de las desgracias debe ser patológica. Lo único que los seres humanos se niegan a admitir es que dependen de "poderes" que escapan a su control.

Es cierto, sin embargo, que en los últimos tiempos el hombre civilizado ha adquirido cierta fuerza de voluntad, que puede aplicar donde le plazca. Ha aprendido a hacer su trabajo de manera eficiente sin tener que recurrir a cánticos y tambores para hipnotizarlo en el estado de hacer. Incluso puede prescindir de la oración diaria para pedir ayuda divina. Puede llevar a cabo lo que se propone hacer, y aparentemente puede traducir sus ideas en acción sin ningún problema, mientras que el primitivo parece verse obstaculizado a cada paso por miedos, supersticiones y otros obstáculos invisibles para la acción. El lema "Donde hay voluntad, hay un camino" es la superstición del hombre moderno.

Sin embargo, para sostener su credo, el hombre contemporáneo paga el precio de una notable falta de introspección. Es ciego al hecho de que, con toda su racionalidad y eficacia, está poseído por "poderes" que escapan a su control. Sus dioses y demonios no han desaparecido, sino que han cambiado de nombre. Le mantienen huyendo con inquietud, vagas aprensiones, complicaciones psicológicas, una insaciable necesidad de pastillas, alcohol, tabaco, comida y, sobre todo, una gran variedad de neurosis.

La individuación y el desarrollo del Ser

Lo que se denomina conciencia civilizada se ha distanciado gradualmente de los instintos primordiales. No obstante, estos instintos no han desaparecido; simplemente han perdido la conexión con la conciencia y ahora se manifiestan indirectamente. Esto puede ocurrir a través de síntomas físicos en casos de neurosis, o mediante diversos incidentes, como estados de ánimo inexplicables, olvidos inesperados o lapsus linguae.

Al ser humano le agrada creer que es dueño de su alma. Sin embargo, mientras no pueda controlar sus estados de ánimo y emociones, o ser consciente de las innumerables formas encubiertas en que los factores inconscientes influyen en sus disposiciones y decisiones, ciertamente no es el amo de sí mismo. Estos factores inconscientes existen autónomamente gracias a los arquetipos. El hombre moderno se resguarda de la percepción de su propia condición escindida mediante un sistema de compartimentación. Ciertas áreas de la vida exterior y de su propio comportamiento se mantienen, por así decirlo, en cajones separados sin confrontarse entre sí.

Un ejemplo de esta tendencia psicológica, conocida como compartimentación, se observa en el caso de un alcohólico que, bajo la influencia de un movimiento religioso, dejó de beber olvidando su necesidad por completo. Se le consideró curado por la intervención divina y se le presentó como testimonio del poder de la gracia o la eficacia de la organización religiosa. No obstante, después de algunas semanas, el entusiasmo inicial se desvaneció y el deseo de beber resurgió. Esta vez, la organización religiosa consideró que su caso era "patológico" y no apto para una intervención divina, por lo que fue internado en una clínica para recibir tratamiento médico. Este ejemplo ilustra un aspecto interesante de la mentalidad moderna, que muestra un preocupante grado de disociación y confusión psicológica.

Si se concibe a la humanidad como un individuo, se observa que funciona impulsada por fuerzas inconscientes y tiende a separar ciertos problemas en compartimentos. Sin embargo, esta tendencia requiere atención, ya que la humanidad se enfrenta a peligros creados por ella misma que están fuera de control. El mundo está dividido, como un neurótico, con divisiones simbólicas. Occidente, al enfrentarse a la agresiva voluntad de poder de otras naciones, se ve obligado a tomar medidas defensivas extraordinarias mientras se enorgullece de su virtud y buenas intenciones.

Lo que a menudo no se percibe es que son los propios defectos de Occidente, encubiertos bajo cortesía internacional, los que son criticados por el mundo de manera descarada y metódica. Lo que Occidente ha tolerado en secreto se vuelve evidente desde el exterior, creando conflictos neuróticos. Esta situación explica el sentimiento de impotencia en muchas personas de las sociedades occidentales. Se han dado cuenta de que los problemas que enfrentan son en su mayoría morales y que los enfoques basados en la acumulación de armas o la competencia económica no son efectivos. Se necesitan medios morales y mentales para enfrentar estos desafíos y protegerse de la creciente infección.

Sin embargo, los intentos de abordar estos problemas han sido ineficaces porque existe una negativa a reconocer las propias sombras y acciones perjudiciales. Si se pudiera confrontar la propia oscuridad, se sería inmune a influencias morales y mentales negativas. Pero, en cambio, hay una exposición a estas influencias al actuar de manera similar a los adversarios, aunque no se vea ni se entienda.

El mundo también se aferra a un mito de una "Edad de Oro", donde todo es abundante y un líder sabio gobierna con justicia. Este arquetipo también está presente en Occidente, donde se cree en la utopía del Estado del bienestar y la paz universal. Sin embargo, la realidad es que la vida está llena de opuestos irreconciliables: día y noche, nacimiento y muerte, felicidad y dolor. Este conflicto interno llevó a los primeros cristianos a esperar el fin del mundo y a los budistas a rechazar los deseos terrenales.

En la actualidad, muchas personas han perdido la fe en la religión, pero cuando enfrentan el sufrimiento, comienzan a buscar respuestas sobre el sentido de la vida y la experiencia humana.

Es notable que el médico psicólogo sea más solicitado por judíos y protestantes que por católicos. Esto era de esperarse, dado que la Iglesia católica aún se siente responsable del cuidado del alma. Sin embargo, en esta era científica, las cuestiones que antes eran dominio del teólogo ahora suelen plantearse al psiquiatra. Existe la creencia de que la percepción sería muy diferente si se creyera en una forma de vida con propósito o en la existencia de Dios y la inmortalidad. La proximidad de la muerte suele ser un poderoso catalizador para tales reflexiones. A lo largo de la historia, los seres humanos han concebido ideas sobre un Ser Supremo y sobre una vida más allá de la Tierra. Hoy en día, sin embargo, muchos piensan que pueden prescindir de tales conceptos.

Dado que no se puede localizar el trono de Dios en el cielo con un radiotelescopio ni confirmar con certeza que los seres queridos fallecidos persisten en alguna forma tangible, la gente tiende a considerar esas ideas como "no verdaderas". Sería más preciso decir que no son suficientemente "verdaderas", ya que son concepciones que han acompañado a la humanidad desde tiempos inmemoriales y que continúan emergiendo en la conciencia ante cualquier estímulo.

El individuo moderno puede argumentar que puede prescindir de tales concepciones y puede respaldar su punto de vista insistiendo en la falta de pruebas científicas que las respalden. Incluso puede lamentar la pérdida de sus convicciones. Sin embargo, dado que se trata de realidades invisibles e incognoscibles (puesto que Dios está más allá del entendimiento humano y la inmortalidad no puede ser probada), ¿por qué se debería insistir en pruebas? Aunque no se comprenda racionalmente la necesidad de la sal en la dieta, aun así la humanidad se beneficia de su uso. Se podría argüir que el uso de la sal es simplemente una ilusión del gusto o una superstición, pero sigue contribuyendo al bienestar. Entonces, ¿por qué privarse de creencias que podrían ser útiles en tiempos de crisis y otorgar sentido a la existencia?

¿Y cómo se sabe que estas ideas no son verdaderas? Muchos estarían de acuerdo si se afirmara con certeza que estas ideas probablemente son ilusiones. Lo que a menudo no se comprende es que esta negación es tan imposible de "demostrar" como la afirmación de una creencia religiosa. Se tiene total libertad para elegir la perspectiva; en cualquier caso, será una elección arbitraria.

Sin embargo, hay una razón empírica sólida para cultivar pensamientos que nunca pueden ser probados: se ha demostrado que son útiles. El ser humano necesita ideas generales y convicciones que den sentido a su vida y le permitan encontrar su lugar en el universo. Puede soportar las adversidades más extremas cuando está convencido de que tienen un propósito; se desmorona cuando, además de todas sus desgracias, tiene que aceptar que su vida carece de sentido.

La función de los símbolos religiosos es conferir un sentido a la existencia humana. Por ejemplo, los indios Pueblo creen que son hijos del Padre Sol, y esta creencia proporciona a sus vidas una perspectiva y un propósito que va más allá de su existencia limitada. Les ofrece un amplio terreno para desarrollar su personalidad y les permite vivir de manera plena como individuos completos. Su situación es infinitamente más satisfactoria que la de una persona de la civilización contemporánea que comprende que no es más que un ser insignificante sin un propósito interno claro.

Cada sociedad tiene su propio concepto de un paraíso arquetípico o una edad dorada que se cree que existió en el pasado y que volverá a existir. Por ejemplo, un cuadro estadounidense del siglo XIX encarna la idea de una utopía pasada: muestra un tratado de 1682 con los indios en un escenario ideal donde todo es armonía y paz. Otro ejemplo es el Jardín del Edén, representado como un jardín amurallado en una pintura francesa del siglo XV que muestra la expulsión de Adán y Eva.

Un sentido más amplio de la existencia es lo que eleva al ser humano más allá del mero acto de subsistencia. Si carece de este sentido, está perdido y es desdichado. Si San Pablo hubiera creído que era solo un tejedor errante de alfombras, ciertamente no habría tenido el impacto que tuvo. Su verdadera y significativa vida residía en la convicción interior de que era el mensajero del

Señor. Aunque se le podría acusar de megalomanía, esta opinión queda eclipsada por el testimonio de la historia y el juicio de las generaciones posteriores. El mito que lo rodeaba lo elevó por encima de un simple artesano.

Este tipo de mito, sin embargo, consiste en símbolos que no han sido creados conscientemente; han surgido naturalmente. No fue el hombre Jesús quien inventó el mito del hombre-dios; este mito existía mucho antes de su nacimiento. Él mismo se dejó llevar por esta idea simbólica que, según nos cuenta la tradición bíblica, lo sacó de la vida estrecha de un carpintero de Nazaret.

Los mitos se remontan al narrador primitivo y a sus sueños, a los hombres impulsados por las agitaciones de sus fantasías. Estas personas no eran muy diferentes de aquellos a quienes las generaciones posteriores llamarían poetas o filósofos. Los narradores primitivos no se preocupaban por el origen de sus fantasías; fue mucho más tarde cuando la gente comenzó a preguntarse de dónde surgían las historias. Sin embargo, hace siglos, en lo que hoy se llama la "antigua" Grecia, las mentes estaban lo suficientemente avanzadas como para sugerir que los relatos sobre los dioses no eran más que tradiciones arcaicas y exageradas sobre reyes o líderes que habían sido enterrados hace mucho tiempo. Ya se pensaba que el mito era demasiado improbable para significar lo que decía. Por lo tanto, se intentó reducirlo a una forma más comprensible para la mente humana.

En tiempos más recientes, se ha visto un proceso similar con el simbolismo de los sueños. En los primeros días de la psicología, se reconoció la importancia de los sueños. Sin embargo, al igual que los antiguos griegos llegaron a la conclusión de que sus mitos eran elaboraciones irracionales de historias "normales", algunos pioneros en el campo de la psicología concluyeron que los sueños no significaban lo que parecían significar. Las imágenes o símbolos que presentaban se descartaron como formas extrañas en las que los contenidos reprimidos de la psique emergían ante la mente consciente. De esta manera, se asumió que un sueño tenía un significado diferente al que aparentaba.

Carl Jung expresó su discrepancia con esta idea, desacuerdo que lo llevó a estudiar tanto la forma como el contenido de los sueños. ¿Por qué habrían de significar algo distinto de su contenido? ¿Existe algo en la naturaleza que sea distinto de lo que es? El sueño es un fenómeno normal y natural, y no representa algo que no sea real. El Talmud incluso dice: "El sueño es su propia interpretación". La confusión surge porque el contenido del sueño es simbólico y, por tanto, tiene más de un significado. Los símbolos apuntan en direcciones distintas a las que se captan con la mente consciente; por ende, se refieren a algo inconsciente o, al menos, no completamente consciente.

Para la mente científica, fenómenos como los símbolos son problemáticos porque no pueden ser formulados de manera satisfactoria para el intelecto y la lógica. Estos no son los únicos casos de este tipo en psicología. El problema comienza con el fenómeno del "afecto" o emoción, que elude todos los intentos de los psicólogos por darle una definición definitiva. La causa de la dificultad es la misma en ambos casos: la intervención del inconsciente.

Entender estos conceptos, ya que estamos tratando de describir con palabras algo que, por su propia naturaleza, no puede ser definido con precisión, puede resultar difícil. Sin embargo, dado que muchas personas han optado por considerar los arquetipos como si fueran parte de un sistema mecánico que se puede memorizar, es crucial insistir en que no son simplemente nombres, ni siquiera conceptos filosóficos. Son partes de la vida misma, imágenes que están completamente conectadas al individuo vivo a través del puente de las emociones. Por lo tanto, es imposible ofrecer una interpretación arbitraria o universal de cualquier arquetipo. Debe ser explicado de acuerdo con toda la situación vital del individuo específico con el que se relaciona.

Por ejemplo, para un cristiano devoto, el símbolo de la cruz solo puede interpretarse dentro de su contexto cristiano, a menos que el sueño ofrezca una razón muy convincente para mirar más allá de eso. Incluso en ese caso, el significado específico dentro del contexto cristiano debe ser tenido en cuenta. Sin embargo, no se puede afirmar que el símbolo de la cruz tenga el mismo significado en todo momento y circunstancia. Si así fuera, perdería su cualidad numinosa, su vitalidad y se convertiría en una simple palabra.

Aquellos que no captan la calidad especial de sentimiento del arquetipo terminan con un montón de conceptos mitológicos que pueden ser manipulados para demostrar que todo significa cualquier cosa, o incluso nada en absoluto. Todos los cadáveres del mundo pueden ser químicamente idénticos, pero los individuos vivos no lo son. Los arquetipos solo cobran vida cuando se intenta entender pacientemente por qué y cómo tienen sentido para un individuo vivo.

El simple uso de palabras carece de valor cuando no se comprende su significado. Esto es especialmente cierto en psicología, donde se habla de arquetipos como el ánima y el ánimus, el sabio, la gran madre, entre otros. Se puede tener todo el conocimiento sobre santos, sabios, profetas y otras figuras piadosas, así como sobre todas las grandes madres del mundo. Pero si estos son simplemente imágenes cuya energía psíquica nunca se ha experimentado, será como si se estuviera hablando en sueños, sin saber realmente de qué se está hablando. Las palabras que se utilicen serán vacías y carentes de significado. Solo cobran vida y significado cuando se intenta comprender su energía psíquica, es decir, su relación con uno mismo como individuo vivo. Solo entonces se comenzará a comprender que sus nombres tienen poco valor, mientras que su conexión con uno es lo más importante.

La función de producción de símbolos La función de producción de símbolos en los sueños es un intento de llevar la mente original del hombre a la conciencia "avanzada" o diferenciada, donde nunca ha estado antes y donde, por lo tanto, nunca ha sido objeto de una reflexión crítica. En épocas pasadas, esa mente original constituía toda la personalidad del hombre. A medida que se desarrollaba la conciencia, su mente consciente perdía contacto con parte de esa energía psíquica primitiva. Y la mente consciente nunca ha conocido esa mente original, ya que fue desechada en el proceso de evolución de la conciencia diferenciada que era la única capaz de ser consciente de ella.

Sin embargo, parece que lo que se llama inconsciente ha conservado características primitivas que formaban parte de la mente original. Es a estas características a las que se refieren constantemente los símbolos de los sueños, como si el inconsciente tratara de traer de vuelta todas las cosas antiguas de las que la mente se liberó a medida que evolucionaba: ilusiones, fantasías, formas arcaicas de pensamiento, instintos fundamentales, etc. Esto explica la resistencia, e incluso el miedo, que las personas a menudo experimentan al enfrentarse a los asuntos inconscientes. Estos contenidos relictos no son meramente neutrales o indiferentes. Al contrario, están tan cargados que a menudo resultan incómodos e incluso pueden causar verdadero miedo. Cuanto más se reprimen, más se extienden por toda la personalidad en forma de neurosis.

Es esta energía psíquica la que les confiere una importancia vital. Es como si un hombre que ha vivido un período de inconsciencia se diera cuenta de repente de que hay una laguna en su memoria, de que parecen haber tenido lugar acontecimientos importantes que no puede recordar. Si supone que la psique es un asunto exclusivamente personal, intentará recuperar los recuerdos infantiles aparentemente perdidos. Pero las lagunas en su memoria infantil no son más que los síntomas de una pérdida mucho mayor: la pérdida de la psique primitiva.

Al igual que la evolución del cuerpo embrionario repite su prehistoria, la mente también se desarrolla a través de una serie de etapas prehistóricas. La principal tarea de los sueños es traer una especie de "recuerdo" del mundo prehistórico e infantil, hasta el nivel de los instintos más primitivos. Tales recuerdos pueden tener un efecto notablemente curativo en ciertos casos. Esta observación confirma la opinión de que una laguna de memoria infantil representa una pérdida positiva y su recuperación puede aportar un aumento positivo de la vida y el bienestar.

La rememoración de recuerdos infantiles y la reproducción de formas arquetípicas de comportamiento psíquico pueden crear un horizonte más amplio y una mayor extensión de la conciencia, siempre y cuando se consiga asimilar e integrar en la mente consciente los contenidos perdidos y recuperados. En esta parte del llamado "proceso de individuación", la interpretación de los símbolos desempeña un papel importante. Pues los símbolos son intentos naturales de reconciliar y reunir los opuestos dentro de la psique.

El mero hecho de ver los símbolos y luego dejarlos de lado no tendría tal efecto y solo restauraría la vieja condición neurótica. Pero desafortunadamente, las personas que no niegan la existencia misma de los arquetipos suelen tratarlos como meras palabras y olvidar su realidad viva. Cuando su energía psíquica ha sido desterrada de esta manera, comienza el proceso de sustitución ilimitada, donde todo significa todo. Es cierto que las formas de los arquetipos son intercambiables en gran medida. Pero su energía psíquica es y sigue siendo un hecho, y representa el valor de un acontecimiento arquetípico.

Este valor emocional debe tenerse en cuenta en todo el proceso intelectual de la interpretación de los sueños. Es demasiado fácil perder este valor, porque el pensamiento y el sentimiento son tan opuestos que el pensamiento desecha casi automáticamente los valores del sentimiento y viceversa. La psicología es la única ciencia que debe tener en cuenta el factor del valor, porque es el vínculo entre los acontecimientos físicos y la vida. A menudo se acusa a la psicología de no ser científica por este motivo, pero sus críticos no comprenden la necesidad científica y práctica de prestar la debida atención a los sentimientos.

El Hombre y El Alma: Sus Símbolos y Arquetipos

En la era moderna, el ser humano ha engendrado un nuevo orden que domina sobre la naturaleza, poblándolo de máquinas monstruosas. Estas creaciones son tan evidentemente útiles que ni siquiera se considera la posibilidad de prescindir de ellas o de la sumisión a su influencia. La humanidad se ve impulsada a seguir los caminos aventureros de su mente científica e inventiva, maravillándose por los logros magníficos que alcanza. Sin embargo, paradójicamente, su genio exhibe una tendencia extraña a inventar cosas cada vez más peligrosas, ofreciendo medios más efectivos para el suicidio masivo.

Ante el crecimiento imparable de la población mundial, se buscan soluciones para contener esta marea creciente. No obstante, la naturaleza puede sorprender al volver contra la humanidad su propia capacidad creadora. Por ejemplo, la bomba H podría resolver eficazmente el problema de la superpoblación. A pesar de la soberbia dominación sobre la naturaleza, el ser humano sigue siendo su víctima, ya que aún no ha aprendido a controlar su propia esencia. Lenta pero aparentemente inevitable, la catástrofe se aproxima.

Ya no hay deidades a las cuales implorar ayuda. Las grandes religiones del mundo padecen una decadencia creciente, pues los espíritus que solían habitar en los bosques, ríos, montañas y animales han huido, y los hombres-dioses han desaparecido, sumidos en el inconsciente. Allí, erróneamente, se piensa que llevan una existencia deshonrosa entre los vestigios del pasado. Las vidas actuales están dominadas por la diosa Razón, la mayor y más trágica ilusión. Con su ayuda, se cree haber "dominado la naturaleza".

Sin embargo, esto no es más que una consigna, ya que esta supuesta conquista enfrenta al hecho natural de la superpoblación y agrava los problemas debido a la incapacidad psicológica para implementar los cambios políticos necesarios. Es natural que los seres humanos continúen luchando y compitiendo por la supremacía unos sobre otros. ¿Realmente se ha "dominado la naturaleza"?

Todo cambio debe iniciar en algún lugar, y es el individuo quien debe experimentarlo y llevarlo a cabo. Podría ser cualquiera, nadie puede permitirse simplemente observar sin hacer nada, esperando que otro haga lo que uno mismo se niega a hacer. Pero, dado que aparentemente nadie sabe qué hacer, sería prudente que cada uno se cuestionara si su inconsciente posee conocimientos que podrían ayudar. Ciertamente, la mente consciente parece incapaz de ofrecer soluciones útiles en este aspecto. El ser humano contemporáneo es dolorosamente consciente de que ni las grandes religiones ni las diversas filosofías parecen proporcionar las ideas inspiradoras y poderosas que brindarían la seguridad necesaria ante la situación actual del mundo.

Los budistas dirían que las cosas irían bien si la gente siguiera simplemente el "noble camino óctuple" del Dharma y tuviera una visión auténtica del Ser. Los cristianos afirman que si la gente tuviera fe en Dios, el mundo sería un lugar mejor. El racionalista insiste en que si la gente fuera inteligente y razonable, todos los problemas serían manejables. Sin embargo, ninguno de ellos puede resolver estos problemas por sí solo.

Los cristianos a menudo se preguntan por qué Dios ya no les habla, como supuestamente solía hacer. Carl Jung recuerda la historia del rabino al que le preguntaron por qué Dios solía mostrarse a la gente en el pasado mientras que hoy en día nadie lo ve. El rabino respondió: "Hoy en día ya no hay nadie que pueda inclinarse lo suficiente".

Esta respuesta es esclarecedora. El ser humano está tan atrapado y enredado en su conciencia subjetiva que ha olvidado el hecho ancestral de que Dios principalmente habla a través de sueños y visiones. El budista desecha el mundo de las fantasías inconscientes como ilusiones inútiles; el cristiano intercala su Iglesia y su Biblia entre él y su inconsciente; y el intelectual racional aún no ha comprendido que su conciencia no abarca toda su psique. Esta ignorancia persiste, a pesar de que desde hace más de setenta años el inconsciente es un concepto científico básico e indispensable para cualquier investigación psicológica seria.

No se puede seguir arrogando la posición de jueces de los fenómenos naturales, juzgando sus méritos o deméritos. La botánica no se basa en la anticuada división entre plantas útiles e inútiles, ni la zoología en la ingenua distinción entre animales inofensivos y peligrosos. Sin embargo, se sigue asumiendo complacientemente que la conciencia es el sentido y el inconsciente es el sinsentido. En el ámbito científico, tal suposición sería objeto de burla. Por ejemplo, ¿tienen sentido los microbios?

Sea lo que sea el inconsciente, es un fenómeno natural que produce símbolos con un significado. No se puede esperar que alguien que nunca ha observado a través de un microscopio sea una autoridad en microbios; de la misma manera, nadie que no haya estudiado en serio los símbolos naturales puede considerarse competente en esta materia. Sin embargo, la subestimación generalizada del alma humana es tan profunda que ni las grandes religiones, ni las filosofías, ni el racionalismo científico han prestado la atención debida a este aspecto.

A pesar de que la Iglesia católica reconoce la existencia de "sueños enviados por Dios", la mayoría de sus teólogos no se esfuerzan en comprender los sueños. Es dudoso que exista algún tratado o doctrina protestante que admita la posibilidad de que la voz de Dios pueda ser percibida en un sueño. Sin embargo, si un teólogo realmente cree en Dios, ¿con qué autoridad sugiere que Dios es incapaz de hablar a través de los sueños?

Carl Jung dedicó más de medio siglo a investigar los símbolos naturales, llegando a la conclusión de que los sueños y sus símbolos no son carentes de sentido ni irrelevantes. Por el contrario, los sueños proporcionan la información más interesante para aquellos que se toman la molestia de entender sus símbolos. Es cierto que los resultados tienen poco que ver con las preocupaciones mundanas como comprar y vender. Sin embargo, el sentido de la vida no se limita a la actividad comercial, y el anhelo más profundo del corazón humano no se satisface con una cuenta bancaria.

En una época en la que toda la energía disponible se destina a la exploración de la naturaleza, se presta muy poca atención a la esencia del ser humano, que es su psique, aunque se realicen numerosas investigaciones sobre sus funciones conscientes. Sin embargo, la parte verdaderamente compleja y desconocida de la mente, de la cual surgen los símbolos, permanece prácticamente inexplorada. Parece casi increíble que, a pesar de que se reciben mensajes de ella cada noche, descifrar estas comunicaciones parezca demasiado tedioso para que nadie, salvo muy pocas personas, se moleste en hacerlo. Se piensa poco en el instrumento más poderoso del ser humano, su psique, y con frecuencia se le desconfía y desprecia directamente. "Es solo psicológico" demasiado a menudo significa: "No es nada".

Este enorme prejuicio evidentemente proviene de haber estado tan ocupados con la cuestión de lo que se piensa que se ha olvidado por completo preguntarse qué piensa la psique inconsciente del ser humano. Las ideas de Sigmund Freud confirmaron para la mayoría de la gente el desprecio existente hacia la psique. Antes de él, había sido simplemente ignorada y descuidada; ahora se ha convertido en un vertedero de desechos morales.

Este punto de vista moderno es sin duda parcial e injusto. Ni siquiera concuerda con los hechos conocidos. El conocimiento actual del inconsciente muestra que es un fenómeno natural y que, como la Naturaleza misma, es al menos neutral. Contiene todos los aspectos de la naturaleza humana: claros y oscuros, bellos y feos, buenos y malos, profundos y superficiales. El estudio del simbolismo, tanto individual como colectivo, es una tarea monumental que aún no se ha dominado. Pero por fin se ha comenzado. Los primeros resultados son alentadores y parecen indicar una respuesta a muchas preguntas sin respuesta de la humanidad actual.

Parte III - El Proceso De Individuación

A lo largo de esta sección, se examina cómo el inconsciente se expresa simbólicamente a través de sueños, visiones e intuiciones para guiar al individuo en su evolución psíquica. Jung sostenía que prestar atención y trabajar con estos mensajes del alma es fundamental para alcanzar una mayor consciencia de uno mismo y armonizar los diversos aspectos de la psique.

A continuación se explorarán los diferentes componentes y etapas de la individuación, como el encuentro con la sombra, el ánima/ánimus, y el Sí-mismo o Selbst. Jung veía estos arquetipos como fuerzas poderosas que, al ser integradas conscientemente, permiten superar conflictos internos, desarrollar el potencial único y conectar con un sentido de propósito vital más profundo. Una mirada fascinante y profunda al viaje interior de transformación que Jung denominó individuación.

La senda del crecimiento psicológico

En sus obras, Carl Jung presentó al lector el concepto del inconsciente, sus estructuras personales y colectivas, así como su forma simbólica de expresión. Una vez comprendida la importancia vital de los símbolos generados por el inconsciente, ya sea por su impacto curativo o destructivo, surge el desafiante problema de la interpretación. Jung señaló que todo radica en si una interpretación específica "encaja" y tiene significado para el individuo en cuestión, indicando así el posible significado y función del simbolismo presente en los sueños.

Sin embargo, en el desarrollo de la teoría junguiana, esta posibilidad plantea otra interrogante: ¿Cuál es el propósito de la totalidad de la vida onírica de un individuo? ¿Qué papel desempeñan los sueños no solo en la economía psíquica inmediata, sino en el panorama general de la vida?

Tras observar a un gran número de personas y estudiar sus sueños (Jung calculó haber interpretado al menos 80.000), descubrió no solo que todos los sueños son relevantes en diferentes grados para la vida del soñador, sino que también forman parte de una extensa red de factores psicológicos. Además, encontró que, en conjunto, parecen seguir un patrón o disposición que denominó "el proceso de individuación". A simple vista, los sueños pueden parecer escenas e imágenes diferentes cada noche, y aquellos que no sean observadores cuidadosos probablemente no serán conscientes de ningún patrón. Sin embargo, al examinar los propios sueños a lo largo de los años y estudiar la secuencia completa, se notará que ciertos contenidos aparecen, desaparecen y vuelven a aparecer. Muchas personas incluso sueñan repetidamente con las mismas figuras, paisajes o situaciones; y si se les sigue a lo largo de una serie completa, se verá que cambian de manera lenta pero perceptible. Estos cambios pueden acelerarse si la actitud consciente del soñador se ve influenciada por una interpretación adecuada de los sueños y sus contenidos simbólicos.

Los sueños tejen un diseño sinuoso en el que se hacen visibles hilos o tendencias individuales que luego se desvanecen y reaparecen. Al observar este diseño a lo largo de un extenso período de tiempo, se puede percibir una especie de tendencia reguladora o directriz oculta en funcionamiento, la cual da lugar a un proceso lento e imperceptible de crecimiento psicológico: el proceso de individuación.

Poco a poco emerge una personalidad más completa y madura, que gradualmente se vuelve efectiva e incluso visible para los demás. El hecho de que a menudo se hable de "desarrollo detenido" sugiere que se asume que dicho proceso de crecimiento y maduración es posible en cada individuo. Dado que este crecimiento psicológico no puede lograrse mediante un esfuerzo consciente de la fuerza de voluntad, sino que ocurre de manera involuntaria y natural, a menudo se simboliza en los sueños mediante el árbol, cuyo crecimiento lento, poderoso e involuntario sigue un patrón definido.

El centro organizador del que surge este efecto regulador parece ser una especie de "átomo nuclear" en el sistema psíquico. También se podría describir como el inventor, organizador y fuente de las imágenes oníricas. Jung llamó a este centro el "Yo" y lo definió como la totalidad de toda la psique, para diferenciarlo del "ego", que constituye solo una pequeña parte de la psique total.

A lo largo de la historia, los seres humanos han sido intuitivamente conscientes de la existencia de dicho centro interior. Los griegos lo llamaban el daimon interior del hombre; en Egipto se expresaba mediante el concepto del Ba-alma; y los romanos lo veneraban como el "genio" nativo de cada individuo. En las sociedades más primitivas, a menudo se consideraba un espíritu protector encarnado en un animal o un fetiche.

Los indios Naskapi, que aún habitan en los bosques de la península del Labrador, encarnan de manera excepcionalmente pura y auténtica este centro interior. Estas personas sencillas son cazadores que viven en grupos familiares aislados, tan distantes unos de otros que no han podido desarrollar costumbres tribales ni creencias y ceremonias religiosas colectivas. En su soledad de toda la vida, el cazador Naskapi debe confiar en sus propias voces interiores y revelaciones inconscientes; no tienen líderes religiosos que les dicten lo que deben creer, ni rituales, festivales o costumbres que les ayuden. En su visión básica de la vida, el alma del hombre es simplemente un "compañero interior", al que llaman "mi amigo" o Mista'peo, que significa "Gran Hombre". Mista-peo reside en el corazón y es inmortal; en el momento de la muerte, o poco antes, abandona al individuo, y más tarde se reencarna en otro ser.

Aquellos Naskapi que prestan atención a sus sueños y buscan comprender su significado y probar su autenticidad pueden entrar en una conexión más profunda con el Gran Hombre. Él favorece a esas personas y les envía sueños más profundos y significativos. Por lo tanto, la principal obligación de un Naskapi es seguir las instrucciones que le ofrecen sus sueños, y luego plasmar permanentemente su contenido en el arte. La mentira y la deshonestidad alejan al Gran Hombre de su reino interior, mientras que la generosidad y el amor hacia los demás y hacia los animales lo atraen y le dan vida. Los sueños brindan al Naskapi la capacidad completa de encontrar su camino en la vida, no solo en el mundo interior, sino también en el mundo exterior de la naturaleza. Le ayudan a predecir el clima y le ofrecen una guía invaluable en su caza, de la cual depende su supervivencia. Se menciona a estos pueblos primitivos porque no están influenciados por las nociones civilizadas modernas y mantienen una percepción natural de la esencia de lo que Jung denomina el Yo.

El "Yo" puede entenderse como una fuerza interna de orientación, distinta de la personalidad consciente y perceptible solo a través del estudio de los sueños personales. Estos revelan que es el centro regulador que impulsa un constante crecimiento y desarrollo de la personalidad. Sin embargo, este aspecto más amplio y casi total de la psique se manifiesta inicialmente como una simple potencialidad innata. Puede emerger de manera sutil o puede desarrollarse completamente a lo largo de la vida. El nivel de desarrollo depende de si el ego está receptivo a escuchar las señales del Ser. Así como los Naskapi han observado que aquellos que están abiertos a las influencias del Gran Hombre experimentan sueños más significativos y útiles, se podría añadir que el Gran Hombre innato se manifiesta con mayor intensidad en aquellos que están receptivos, en contraposición a aquellos que lo ignoran. Estas personas también tienden a alcanzar una mayor plenitud como seres humanos.

Parece que el propósito del ego no es seguir sus propios impulsos arbitrarios de manera ilimitada, sino contribuir a la realización de la totalidad de la psique. Es el ego el que ilumina todo el sistema, permitiendo que este se vuelva consciente y, por ende, se actualice. Por ejemplo, si se posee un talento artístico del cual el ego no es consciente, este talento no se manifiesta. Solo cuando el ego se da cuenta, puede materializarlo. La totalidad inherente pero oculta de la psique no es equivalente a una totalidad plenamente realizada y vivida.

Se podría imaginar así: la semilla de un pino contiene latente la totalidad del árbol futuro; sin embargo, cada semilla cae en un momento y lugar específicos, con una serie de circunstancias particulares, como la calidad del suelo, la inclinación del terreno y su exposición a la luz solar y al viento. La totalidad latente reacciona a estas circunstancias, dando forma al crecimiento del árbol. De esta manera, un pino individual surge gradualmente, representando la realización de su totalidad en el reino de la realidad. Sin el árbol vivo, la imagen del pino es solo una posibilidad o una idea abstracta. Una vez más, la realización de esta singularidad en el individuo humano es el objetivo del proceso de individuación.

Desde un punto de vista, este proceso tiene lugar en el individuo (así como en cualquier otro ser vivo) por sí mismo y en el inconsciente; es un proceso a través del cual el individuo vive su naturaleza humana innata. Sin embargo, el proceso de individuación solo se vuelve real si el individuo es consciente de él y establece deliberadamente una conexión viva con él. No se sabe si el pino es consciente de su propio crecimiento, si experimenta y sufre las diversas vicisitudes que lo conforman. Pero el ser humano puede participar conscientemente en su propio desarrollo. Incluso siente que, tomando decisiones libres de vez en cuando, puede colaborar activamente en él. Esta colaboración es parte integral del proceso de individuación en el sentido más estricto de la palabra.

Sin embargo, el ser humano experimenta algo que no se refleja en la metáfora del pino. El proceso de individuación va más allá de ser simplemente una convergencia entre el potencial innato de totalidad y los acontecimientos externos del destino. La experiencia subjetiva transmite la sensación de que alguna fuerza suprapersonal está interviniendo activamente de manera creativa. A veces, se tiene la sensación de que el inconsciente está trazando el camino de acuerdo con un plan secreto. Es como si algo estuviera observando al individuo, algo que no puede ver pero que lo ve a él; quizás ese Gran Hombre en su interior, que le comunica sus opiniones a través de los sueños.

Pero este aspecto creativamente activo del núcleo psíquico solo puede entrar en juego cuando el ego se libera de todos los propósitos y deseos, y se entrega plenamente a ese impulso interno hacia el crecimiento. El ego debe ser capaz de escuchar atentamente y entregarse sin más, permitiendo que este impulso interior lo guíe. Muchos filósofos existencialistas intentan describir este estado, pero solo logran despojarse de las ilusiones de la conciencia: llegan hasta la puerta del inconsciente pero no pueden abrirla.

Las personas que viven en culturas más arraigadas tienen menos dificultades para comprender la necesidad de abandonar la actitud utilitaria de la planificación consciente y permitir así el crecimiento interior de la personalidad. Jung relata el caso de una anciana que no había logrado mucho en términos de logros externos. Sin embargo, había alcanzado una buena relación con un esposo difícil y, de alguna manera, había desarrollado una personalidad madura. Cuando lamentaba no haber "logrado" nada en su vida, Jung le contó una historia narrada por el sabio chino Chuang-Tzu. Ella la entendió de inmediato y sintió un gran alivio. Esta es la historia:

Un carpintero itinerante, llamado Stone, vio en sus viajes un viejo roble gigantesco que se erguía en un campo cerca de un altar de tierra. El carpintero, admirando el roble, le dijo a su aprendiz: "Este árbol es inútil. Si intentaras hacer un barco con él, pronto se pudriría; si intentaras hacer herramientas, se romperían. No se puede hacer nada útil con este árbol, y por eso se ha vuelto tan viejo".

Pero esa misma noche, en una posada, el viejo roble se le apareció en sueños al carpintero y le dijo: "¿Por qué me comparas con tus árboles cultivados como el espino blanco, el peral, el naranjo, el manzano y todos los demás que dan fruto? Incluso antes de que maduren sus frutos, la gente los ataca y los viola.

Sus ramas se rompen, sus ramitas se desgarran. Sus propios dones les causan daño, y no pueden vivir su duración natural. Eso es lo que ocurre en todas partes, y por eso hace tiempo que intento volverme completamente inútil. Pobre mortal. Imagínate si hubiera sido útil de alguna manera, ¿habría alcanzado este tamaño? Además, tanto tú como yo somos criaturas, y ¿cómo puede una criatura ponerse tan alto como para juzgar a otra? Hombre mortal inútil, ¿qué sabes tú de árboles inútiles?".

El carpintero despertó y reflexionó sobre su sueño. Cuando su aprendiz le preguntó por qué solo ese árbol estaba destinado a proteger el altar de tierra, el maestro le respondió con brusquedad: "¡Cállate! No hablemos más de eso". Explicó que el árbol había crecido allí a propósito porque en cualquier otro lugar habría sido maltratado. Si no fuera por el altar, habrían talado el árbol.

Era claro que el carpintero había comprendido el significado de su sueño. Reconoció que cumplir con el propio destino es el mayor logro humano y que las ideas utilitarias deben ceder ante las demandas del inconsciente. Traduciendo esta metáfora al lenguaje psicológico, el árbol simboliza el proceso de individuación, enseñando una lección al ego limitado.

Bajo el árbol que cumplió su destino, había un altar de tierra, como se describe en la historia de Chuang-Tzu. Este altar rudimentario era donde la gente realizaba sus sacrificios al dios local que "poseía" ese trozo de tierra. El símbolo del altar de tierra señala que para realizar el proceso de individuación, uno debe entregarse conscientemente al poder del inconsciente, en lugar de pensar en lo que se debería hacer o en lo que es convencional. Simplemente se debe escuchar para comprender lo que la totalidad interior, el Ser, quiere que se haga en una situación específica.

La actitud debe ser como la del pino de montaña mencionado anteriormente: no se enoja cuando un obstáculo bloquea su crecimiento ni hace planes para superarlo. Simplemente siente hacia dónde debe crecer. De la misma manera, se debe ceder a este impulso casi imperceptible pero poderoso, que proviene del deseo de autorrealización única y creativa. Este proceso implica buscar y encontrar repetidamente algo desconocido para los demás. Las señales que guían no vienen del ego, sino de la totalidad de la psique: el Ser.

Además, es inútil compararse con los demás, ya que cada persona tiene una tarea única de autorrealización. Aunque muchos problemas humanos son similares, cada individuo es único. Debido a esta combinación de similitud y diferencia, es difícil resumir las infinitas variaciones del proceso de individuación. Cada persona debe hacer algo diferente, algo que le sea propio.

Jung fue criticado por no presentar el material psíquico de manera sistemática, pero esto se debe a que dicho material es una experiencia viva, irracional y siempre cambiante, que no se presta fácilmente a la sistematización. La psicología profunda enfrenta desafíos similares a los de la microfísica cuando intenta describir eventos psíquicos únicos. Sin embargo, se intentará esbozar algunos de los rasgos más típicos del proceso de individuación.

El primer encuentro con el inconsciente

Durante la juventud, las personas experimentan un despertar gradual mientras toman conciencia del mundo y de sí mismas. La infancia está marcada por una intensa actividad emocional, y los primeros sueños a menudo revelan la estructura básica de la psique, prefigurando el destino del individuo. Jung relató el caso de una joven que se suicidó a los 26 años, cuyo sueño infantil anticipaba su trágico destino.

A veces, en lugar de un sueño, un evento real memorable puede predecir simbólicamente el futuro. Los niños a menudo recuerdan vivamente incidentes que los adultos pasan por alto, y estos recuerdos revelan problemas fundamentales de su psique.

A medida que los niños ingresan a la escuela, comienza la fase de construcción del yo y de adaptación al mundo exterior. Esta etapa puede ser dolorosa, y algunos niños se sienten diferentes de los demás, experimentando una sensación de singularidad que a menudo conlleva cierta tristeza. Los problemas del mundo y el mal, tanto dentro como fuera de ellos mismos, se vuelven conscientes, y deben enfrentarse a impulsos internos y demandas externas.

Cuando el desarrollo de la conciencia se ve alterado, los niños pueden retirarse y refugiarse en un "núcleo" psíquico interno, como se revela en sus sueños y dibujos. Este núcleo es el centro vital de la personalidad, desde donde se desarrolla la conciencia del ego.

En esta etapa inicial, muchos niños están en búsqueda de un sentido para la vida que les ayude a lidiar con el caos tanto interno como externo. Sin embargo, hay otros que aún están siendo llevados inconscientemente por los patrones arquetípicos heredados e instintivos. Estos jóvenes no se preocupan mucho por el sentido profundo de la existencia, ya que encuentran significado inmediato y satisfactorio en sus experiencias con el amor, la naturaleza, el deporte y el trabajo. No son necesariamente más superficiales; simplemente navegan por la corriente de la vida con menos fricción y perturbación que sus compañeros más reflexivos. Es como si, al viajar en coche o en tren sin mirar hacia afuera, solo las paradas, arranques y giros bruscos hicieran consciente de que se está en movimiento.

El verdadero proceso de individuación, que implica la reconciliación consciente con el propio centro interior o Ser, generalmente comienza con una herida en la personalidad y el sufrimiento que la acompaña. Esta conmoción inicial se puede equiparar a una especie de "llamado", aunque a menudo no se reconoce como tal. En lugar de eso, el ego tiende a sentirse obstaculizado en su voluntad o deseo, y suele proyectar la culpa de la obstrucción hacia algo externo, ya sea Dios, la situación económica, el jefe o la pareja.

A veces, todo parece estar bien en la superficie, pero en lo más profundo la persona sufre de un aburrimiento mortal que hace que todo parezca carente de sentido y vacío. Muchos mitos y cuentos de hadas simbolizan esta fase inicial del proceso de individuación con historias de reyes enfermos o envejecidos, parejas reales estériles, monstruos que roban riquezas y personas, o fuerzas oscuras que perturban el equilibrio natural. Así, el encuentro inicial con el Ser proyecta una sombra oscura por adelantado, como si el "amigo interior" viniera al principio como un cazador para atrapar al ego indefenso.

En estos momentos de crisis, se busca algo que parece imposible de encontrar o del cual no se sabe nada. En estas circunstancias, los consejos bien intencionados y sensatos resultan completamente inútiles. La única cosa que parece funcionar es enfrentarse directamente a la oscuridad que se aproxima sin prejuicios y con total ingenuidad, tratando de descubrir cuál es su objetivo secreto y qué quiere de nosotros.

Por lo general, el propósito oculto de esta oscuridad es algo tan inusual, único e inesperado que solo puede descubrirse a través de sueños y fantasías provenientes del inconsciente. Si nos enfocamos en el inconsciente sin suposiciones apresuradas ni rechazo emocional, a menudo seremos guiados por un flujo de imágenes simbólicas útiles. Sin embargo, a veces este proceso comienza con la confrontación de verdades dolorosas sobre nosotros mismos y nuestras actitudes conscientes.

La realización de la sombra, como la llamó Jung, implica reconocer y aceptar aspectos de la personalidad que se han preferido ignorar. La sombra representa cualidades e impulsos desconocidos o poco conocidos, así como factores colectivos que pueden provenir de fuentes externas a la vida personal. Al intentar enfrentar la sombra, se toma conciencia y a menudo se siente vergüenza de aquellas cualidades e impulsos que se niegan en uno mismo pero que fácilmente se reconocen en otras personas. Este proceso confronta con los propios pequeños pecados e invita a aceptarlos como parte de la totalidad.

Cuando un amigo señala una falta y se siente una rabia intensa, es probable que se esté enfrentando una parte de la sombra, esa parte de uno mismo que no se reconoce conscientemente. Es normal sentir enfado cuando otros, que no son perfectos, critican los defectos que se preferirían ignorar. Pero, ¿qué ocurre cuando los propios sueños, la propia conciencia interna, reprochan? En ese momento, el ego queda atrapado en un silencio avergonzado. Comienza entonces el arduo trabajo de la autoeducación, equiparable, se podría decir, a las legendarias tareas de Hércules. Su primer desafío, como se recordará, fue limpiar los Establos de Augías en un solo día, un trabajo monumental que desanimaría a cualquier mortal solo con pensarlo.

La sombra no solo se manifiesta en omisiones; a menudo se revela en acciones impulsivas o inadvertidas. Antes de que uno tenga tiempo de reflexionar, surge el comentario hiriente, se fragua el plan maquiavélico, se toma la decisión equivocada, y uno se enfrenta a consecuencias no deseadas, fruto de una parte de sí mismo que no reconoce plenamente. Además, la sombra está más expuesta a influencias colectivas que la personalidad consciente. Cuando uno está solo, puede sentirse relativamente bien; pero al verse confrontado con las acciones oscuras y primitivas de los demás, surge el temor a ser considerado ingenuo si no se une a ellos, llevándolo a sucumbir a impulsos que en realidad no le pertenecen. Es especialmente en las interacciones con personas del mismo sexo donde uno confronta tanto su propia sombra como la de los demás. Aunque la sombra también se manifiesta en individuos del sexo opuesto, suele incomodar menos y se suele estar más propenso a perdonarla.

En los sueños y mitos, la sombra aparece como una figura del mismo sexo que el soñador. Un ejemplo es el sueño de un hombre de 48 años relatado por Jung, quien vivía una vida centrada en el trabajo y la disciplina, reprimiendo su lado más espontáneo y placentero más de lo debido.

En el sueño, el hombre explora su propia casa y descubre habitaciones desconocidas en el sótano, algunas sin cerradura. Se siente incómodo al ver que algunas puertas están abiertas y que hay obreros trabajando en el vecindario, lo que sugiere una invasión de su espacio personal. Al salir al patio trasero, se encuentra con un antiguo compañero de la escuela primaria que personifica una parte olvidada de su propia personalidad, representada por la capacidad de disfrutar de la vida y su lado extravertido. Esta figura del pasado regresa para recordarle al soñador una cualidad perdida y descuidada.

Pero pronto se descubre por qué el soñador se siente "inquieto" justo antes de encontrarse con este viejo amigo aparentemente inofensivo. Mientras pasea con él por la calle, los caballos se escapan. El soñador sospecha que podrían haberse liberado del servicio militar, es decir, de la disciplina consciente que hasta ahora ha definido su vida. La ausencia de jinetes en los caballos demuestra que los impulsos instintivos pueden escapar al control consciente. Tanto este antiguo amigo como los caballos representan una fuerza positiva que antes estaba ausente en la vida del soñador y que ahora necesita desesperadamente.

Este es un dilema común cuando uno se enfrenta a su "otro lado". La sombra a menudo contiene valores necesarios para la conciencia, pero en una forma que dificulta su integración en la vida personal. Los pasadizos y la casa en el sueño muestran que el soñador aún no ha explorado completamente sus propias dimensiones psíquicas y no puede llenarlas por completo.

La sombra en este sueño es típica de un introvertido (un individuo que tiende a retirarse demasiado de la vida exterior). En contraste, en un extravertido, cuya atención se enfoca más en el mundo exterior, la sombra se manifestaría de manera diferente.

Jung relata el caso de un hombre con un temperamento vivaz que se embarcaba en proyectos exitosos una y otra vez, mientras sus sueños insistían en que completara un proyecto creativo privado. Uno de estos sueños fue el siguiente:

En el sueño, un hombre francés, un forajido, está dispuesto a realizar cualquier tarea criminal. Un funcionario lo acompaña escaleras abajo, revelando un complot para asesinar al soñador. En un momento tenso, el soñador logra matar al funcionario, salvando así su vida. La figura del forajido representa la introversión del soñador, que ha llegado a un estado de completa indigencia. La enfermedad repentina del hombre corpulento está relacionada con el desgaste que el soñador ha experimentado al exponerse demasiado a la vida exterior. El éxito superficial del hombre corpulento sugiere que las actividades externas del soñador carecen de autenticidad y pasión genuina. Al final del sueño, el forajido está satisfecho, lo que indica una integración momentánea de la sombra con la conciencia del soñador.

Este sueño ilustra cómo la sombra puede incluir elementos como la ambición inconsciente (el hombre corpulento de éxito) y la introversión (el forajido francés). Además, el soñador asocia a los franceses con la habilidad en el amor, sugiriendo que estas figuras también representan impulsos sexuales. La capacidad del soñador para detener la peligrosa fuerza interior del sueño indica un paso hacia la integración de su sombra.

Es evidente que el problema de la sombra desempeña un papel importante en los conflictos políticos. Si el soñador no hubiera sido consciente de su sombra, habría proyectado fácilmente sus propios aspectos beligerantes en otros, como los "comunistas peligrosos" o los "capitalistas codiciosos". La proyección oscurece la percepción de los demás y dificulta las relaciones humanas genuinas. En lugar de enfrentar los propios defectos tal como los revela la sombra, se proyectan en otros, como los enemigos políticos.

Proyectar la propia sombra conlleva una desventaja adicional. Cuando se asocia la propia sombra con grupos como los comunistas o los capitalistas, parte de la propia personalidad queda representada en el bando contrario. Como consecuencia, de manera constante (aunque involuntaria), se llevan a cabo acciones que benefician a este otro grupo, contribuyendo sin querer al fortalecimiento del adversario. Sin embargo, si se reconoce esta proyección y se abordan los asuntos sin temor ni hostilidad, tratando a la otra persona con sensatez, existe la posibilidad de alcanzar un entendimiento mutuo o, al menos, una tregua.

La relación que se establece con la propia sombra puede variar dependiendo de uno mismo. Como ilustran los sueños de la casa inexplorada y del forajido francés, la sombra no siempre actúa como un adversario. De hecho, es similar a cualquier ser humano con el que se debe interactuar, a veces cediendo, otras resistiendo, y en ocasiones mostrando afecto, según lo requiera la situación. La sombra se vuelve hostil solo cuando se la ignora o se la interpreta incorrectamente.

En algunas ocasiones, aunque no son frecuentes, una persona puede sentirse inclinada a vivir el lado más oscuro de su naturaleza y suprimir su lado más luminoso. En estos casos, la sombra puede aparecer en los sueños como una figura positiva. Sin embargo, para alguien que vive sus emociones y sentimientos de manera natural, la sombra puede presentarse como un intelectual frío y negativo, personificando juicios venenosos y pensamientos oscuros que han sido reprimidos. En resumen, la función de la sombra es representar el lado opuesto del ego y encarnar aquellas cualidades que uno más detesta en los demás.

Sería fácil integrar la sombra en la personalidad consciente simplemente siendo honesto y utilizando el propio discernimiento. Sin embargo, este intento no siempre tiene éxito, ya que la pasión en la parte sombría puede ser tan intensa que la razón no puede prevalecer sobre ella. A veces, una experiencia amarga externa puede ayudar a detener estos impulsos sombríos, como si un ladrillo cayera sobre la cabeza. En otras ocasiones, una decisión heroica puede ser necesaria para ponerles fin, aunque esto solo sea posible con la ayuda del Gran Hombre interior (el Yo).

El hecho de que la sombra contenga el poder abrumador del impulso irresistible no significa necesariamente que siempre deba ser reprimida heroicamente. A veces, la sombra es poderosa porque el impulso del Yo apunta en la misma dirección, creando una confusión sobre si es el Yo o la sombra quien está detrás de la presión interna. En el inconsciente, nos encontramos en una situación similar a un paisaje iluminado por la luna, donde todos los contenidos son borrosos y se mezclan, y nunca estamos seguros de qué o dónde está algo, o dónde empieza y termina una cosa (esto se conoce como "contaminación" de los contenidos inconscientes).

Cuando Jung se refirió a la sombra como un aspecto de la personalidad inconsciente, estaba hablando de un factor relativamente bien definido. Sin embargo, a veces todo lo desconocido para el ego se mezcla con la sombra, incluyendo incluso las fuerzas más valiosas y elevadas. En estos casos, la personalidad consciente debe tomar la decisión si el sueño no aclara las cosas.

Si la figura de la sombra contiene fuerzas valiosas y vitales, estas deben ser asimiladas en la experiencia real en lugar de ser reprimidas. Depende del ego renunciar a su orgullo y mojigatería para vivir algo que parece oscuro pero que en realidad puede no serlo. Esto puede requerir un sacrificio tan heroico como la conquista de la pasión, pero en un sentido opuesto.

Las dificultades éticas que surgen al encontrarnos con nuestra sombra están bien descritas en el Libro XVIII del Corán, donde Moisés se encuentra con Khidr ("el Verde" o "el primer ángel de Dios") en el desierto. Vagan juntos y Khidr expresa su temor de que Moisés no sea capaz de presenciar sus acciones sin indignarse. Si Moisés no puede soportarle y confiar en él, Khidr tendrá que marcharse.

En una de las acciones, Khidr destroza la barca de pesca de unos aldeanos pobres. Luego, ante los ojos de Moisés, mata a un joven apuesto y, por último, restaura la muralla caída de una ciudad de infieles. Moisés, indignado, expresa su desaprobación, y Khidr debe dejarlo. Antes de partir, explica las razones de sus actos: al hundir la barca, en realidad la salvó de ser robada por piratas, permitiendo que los pescadores la recuperaran. Al matar al joven, evitó que cometiera un crimen, salvando así el honor de sus piadosos padres. Al restaurar la muralla, salvó a dos jóvenes piadosos de la ruina al descubrirse su tesoro enterrado bajo ella. Moisés, que se había indignado moralmente, comprende tarde que su juicio fue precipitado. Las acciones de Khidr, aunque parecían malvadas, en realidad tenían un propósito justificado.

Esta historia del Corán no representa a Khidr como la sombra malvada y caprichosa de Moisés, sino más bien como la personificación de ciertas acciones creativas secretas de la Divinidad. No es casualidad que se haya elegido esta historia en lugar de un sueño individual, ya que resume una experiencia de vida que rara vez se expresa con tanta claridad en un sueño.

Cuando figuras oscuras aparecen en los sueños y parecen buscar algo, no se puede estar seguro de si simplemente representan una parte sombría de uno mismo, el Ser, o ambas cosas a la vez. Adivinar de antemano si la contraparte oscura simboliza un defecto que se debe superar o una faceta importante de la vida que se debe aceptar es uno de los problemas más difíciles en el camino hacia la individuación. Además, los símbolos oníricos suelen ser tan sutiles y complicados que su interpretación no es definitiva. En tales situaciones, lo mejor que se puede hacer es aceptar la incomodidad de la duda ética, sin tomar decisiones ni compromisos definitivos, y continuar observando los propios sueños. Esto es similar a la situación de Cenicienta cuando su madrastra le arrojó un montón de guisantes buenos y malos y le pidió que los clasificara. Aunque parecía inútil, Cenicienta comenzó pacientemente a clasificar los guisantes y, de repente, unas palomas (o hormigas, en algunas versiones) vinieron en su ayuda. Estas criaturas simbolizan impulsos útiles, profundamente inconscientes, que solo pueden sentirse en el propio cuerpo y que señalan una salida.

En lo más profundo del ser, a menudo se sabe adónde se debe ir y qué se debe hacer. Sin embargo, a veces el "yo" que se muestra al mundo se comporta de tal manera que la voz interior no puede hacerse oír.

En ocasiones, todos los intentos de comprender las insinuaciones del inconsciente fracasan, y en tal dificultad, solo se puede tener el coraje de hacer lo que parece correcto, estando al mismo tiempo dispuesto a cambiar de rumbo si las sugerencias del inconsciente llevan en otra dirección. También puede suceder (aunque esto es poco común) que una persona encuentre que es mejor resistir el impulso del inconsciente, incluso si eso significa sentirse deformado al hacerlo, en lugar de alejarse demasiado de su humanidad. Esta sería la situación de las personas que sienten que deben vivir con una disposición criminal para ser completamente ellas mismas.

La fuerza y claridad interior que necesita el "yo" para tomar tal decisión provienen secretamente del Gran Hombre, que aparentemente no desea revelarse con demasiada claridad. Puede ser que el Ser desee que el ego elija libremente, o puede ser que el Ser dependa de la conciencia humana y sus decisiones para ayudar a manifestarse. En problemas éticos tan difíciles, nadie puede juzgar verdaderamente los actos de los demás. Cada individuo debe mirar su propio problema y tratar de determinar lo que es correcto para sí mismo. Como dice un viejo maestro budista zen, se debe seguir el ejemplo del pastor que vigila a su buey con un palo para que no pastee en prados ajenos.

Estos nuevos descubrimientos de la psicología profunda están destinados a cambiar los puntos de vista éticos colectivos, ya que obligarán a juzgar todas las acciones humanas de una manera mucho más individual y sutil. El descubrimiento del inconsciente es uno de los más trascendentales de los últimos tiempos. Sin embargo, el reconocimiento de su realidad implica un autoexamen honesto y una reorganización de la propia vida, lo que hace que muchas personas prefieran comportarse como si no hubiera pasado nada. Se necesita mucho valor para tomar en serio el inconsciente y abordar los problemas que plantea. La mayoría de las personas son demasiado indolentes para pensar profundamente incluso en los aspectos morales de su comportamiento de los que son conscientes; sin duda, son demasiado perezosas para considerar cómo les afecta el inconsciente.

El ánima: la personificación femenina en la psique masculina

Carl Jung, el renombrado psicólogo y psicoanalista suizo, destacó que los problemas éticos complejos y sutiles no siempre surgen únicamente de la sombra. A menudo, emerge otra "figura interna" en la psique. Según Jung, si el soñador es un hombre, encontrará una personificación femenina de su inconsciente, mientras que en el caso de una mujer, será una figura masculina. Esta segunda figura simbólica, que frecuentemente aparece detrás de la sombra, plantea nuevos y diferentes desafíos. Jung denominó a estas figuras masculinas y femeninas "animus" y "ánima" respectivamente.

Jung describió al ánima como la personificación de todas las tendencias psicológicas femeninas en la psique de un hombre, incluyendo los sentimientos y estados de ánimo vagos, las intuiciones proféticas, la receptividad a lo irracional, la capacidad para el amor personal, la sensibilidad hacia la naturaleza y, fundamentalmente, la relación con el inconsciente. No es coincidencia que en la antigüedad las sacerdotisas, como la Sibila griega, sirvieran para interpretar la voluntad divina y conectar con los dioses.

Los curanderos y profetas (chamanes) de las tribus árticas y esquimales ilustran claramente cómo se experimenta el ánima como una figura interna en la psique masculina. Algunos de ellos incluso se visten con ropas femeninas o representan pechos en sus vestimentas para manifestar su lado femenino interior, el aspecto que les permite conectar con la "tierra fantasma" (lo que en términos junguianos se denomina el inconsciente).

En sus escritos, Jung relata el caso de un joven que estaba siendo iniciado por un chamán mayor y que fue enterrado por él en un pozo de nieve. El joven cayó en un estado de ensoñación y agotamiento. En ese estado de coma, vio repentinamente a una mujer luminosa. Ella le instruyó en todo lo que necesitaba saber y posteriormente, como su espíritu protector, le ayudó a ejercer su difícil profesión conectándolo con los poderes del más allá. Esta experiencia refleja al ánima como la personificación del inconsciente del hombre.

Jung señaló que la expresión individual del ánima de un hombre suele estar moldeada por su madre. Si el hombre siente que su madre ejerció una influencia negativa sobre él, su ánima se manifestará frecuentemente en estados de ánimo irritables y depresivos, incertidumbre, inseguridad y susceptibilidad. No obstante, si es capaz de superar las agresiones negativas contra sí mismo, estas pueden servir para fortalecer su masculinidad. Dentro del alma de un hombre así, la figura negativa de la madre-ánima repetirá constantemente este tema: "No soy nada. Nada tiene sentido. Con otros es diferente, pero para mí... no disfruto de nada". Estos estados de ánimo provocan una especie de embotamiento, miedo a la enfermedad, a la impotencia o a los accidentes. Toda la vida adquiere un aspecto triste y opresivo. Estos estados de ánimo oscuros pueden incluso llevar a un hombre al suicidio, en cuyo caso el ánima se convierte en un demonio de la muerte. Un ejemplo de este papel se encuentra en la película Orphée de Cocteau.

Las figuras femeninas envueltas en un aura de peligro y seducción son conocidas por los franceses como "femme fatale". Una encarnación más suave de esta oscura energía se encuentra en la Reina de la Noche en la ópera "La flauta mágica" de Mozart.

Mitos como las sirenas griegas o la Lorelei alemana también personifican esta faceta peligrosa del alma, simbolizando la ilusión destructiva. Un relato siberiano ilustra vívidamente este comportamiento destructivo:

Un día, un cazador solitario divisa a través del río, desde el espeso bosque, a una mujer de belleza deslumbrante. Ella le saluda y entona una melodía:

"¡Oh, ven, cazador solitario, en la quietud del crepúsculo! ¡Ven, ven! Te echo de menos, te echo de menos. Ahora te abrazaré, te abrazaré. Ven, ven, mi nido está cerca, mi nido está cerca."

El cazador, cautivado, se despoja de sus ropas y se aventura a cruzar nadando el río para alcanzarla. Sin embargo, en un giro inesperado, ella se transforma en un búho y se aleja burlonamente, dejándolo sumido en la desesperación. En su intento de regresar por sus ropas, se ahoga en las gélidas aguas.

En este relato, el alma representa un sueño irreal de amor, felicidad y seguridad materna, una ilusión que desvía a los hombres de la realidad y los lleva a su perdición. El cazador sucumbe al perseguir una fantasía inalcanzable.

Otro aspecto negativo del alma masculina se manifiesta a través de comentarios hirientes, venenosos y afeminados, que desvalorizan todo a su paso. Estos comentarios, cargados de distorsiones baratas de la verdad, son sutilmente destructivos. Leyendas de todo el mundo hablan de "damiselas envenenadas" que ocultan armas mortales o venenos para acabar con sus amantes en la primera noche juntos.

Si la relación de un hombre con su madre ha sido positiva, puede influir en la manifestación de su alma de manera diferente, llevándolo a ser afeminado o a ser dominado por las mujeres, incapaz de enfrentar los desafíos de la vida. Este tipo de alma puede tornar a los hombres sentimentales o vulnerables, perdiendo contacto con la realidad y sumidos en fantasías.

El alma también puede aparecer en cuentos de hadas como una princesa que somete a sus pretendientes a pruebas mortales o intelectuales. Este juego manipulativo del alma aleja a los hombres de la vida real y los sumerge en una espiral de reflexión neurótica.

Una manifestación común del alma se manifiesta en fantasías eróticas, que pueden volverse compulsivas si el hombre no cultiva relaciones sentimentales saludables ni desarrolla una actitud madura hacia la vida.

Estos aspectos del alma pueden proyectarse en una mujer en particular, desencadenando un amor apasionado e irrefrenable. La presencia del alma puede hacer que un hombre se sienta profundamente conectado con una mujer desde el primer encuentro, envolviéndolo en fantasías irresistibles. Las mujeres de naturaleza enigmática suelen atraer estas proyecciones del alma, convirtiéndose en objetos de fantasía y adoración para los hombres enamorados.

La manifestación súbita y apasionada del ánima, como ocurre en un romance repentino, puede desequilibrar profundamente el matrimonio de un hombre y llevarlo a enfrentarse al llamado "triángulo humano", con todas sus complejidades. Solo se puede hallar una solución tolerable a este drama si se reconoce al ánima como una fuerza interna. El propósito secreto del inconsciente al provocar este enredo es impulsar al hombre a crecer, integrando más aspectos de su personalidad inconsciente y trayéndolos a su vida consciente.

Sin embargo, ya se ha hablado suficiente sobre el aspecto negativo del ánima. Hay otros aspectos positivos igualmente significativos. Por ejemplo, el ánima es responsable de ayudar a un hombre a encontrar a la pareja adecuada. Otra función igualmente crucial es su capacidad para revelar hechos ocultos en el inconsciente cuando la mente lógica del hombre no puede discernirlos. Además, el ánima juega un papel vital al alinear la mente del hombre con los valores internos correctos y abrir el camino hacia profundidades interiores más significativas. Es como si una "radio" interior sintonizara una longitud de onda específica que excluye lo irrelevante pero permite escuchar la voz de la Gran Sabiduría. Al establecer esta conexión interna, el ánima actúa como guía o mediadora hacia el mundo interior y hacia el Ser. Este rol se ejemplifica en las iniciaciones chamánicas mencionadas anteriormente, así como en el papel de Beatriz en el Paraíso de Dante y en la diosa Isis, quien se apareció en sueños a Apuleyo, el famoso autor de El Asno de Oro, para iniciarle en una forma de vida más elevada y espiritual.

En sus escritos, Jung relata el sueño de un psicoterapeuta de 45 años que puede ayudar a ilustrar cómo el ánima puede ser una guía interna. La noche anterior a este sueño, el terapeuta reflexionaba sobre lo difícil que era estar solo en la vida, sin el apoyo de una iglesia. Envidiaba a aquellos protegidos por el abrazo maternal de una organización religiosa, a pesar de haber nacido protestante y ya no tener afiliación religiosa alguna. Este fue su sueño:

Se encuentra en el pasillo de una vieja iglesia repleta de gente. Se sienta al final del pasillo junto a su madre y su esposa, en asientos que parecen adicionales.

Se dispone a oficiar la misa como sacerdote, sosteniendo en sus manos un gran libro que parece ser de misa, aunque en realidad es una colección de oraciones o poemas. Este libro le resulta ajeno y no logra encontrar el texto adecuado. Se siente muy ansioso porque debe empezar pronto, y para empeorar las cosas, su madre y su esposa le distraen con conversaciones triviales. De repente, el órgano se detiene y todos le miran expectantes, así que se levanta decidido y le pide a una monja arrodillada detrás de él que le pase su libro de misa y le señale el lugar correcto, lo cual hace con gran amabilidad. Ahora, como una especie de sacristán, esta misma monja le conduce hasta el altar, que está ubicado detrás y a la izquierda, como si se acercaran desde un pasillo lateral. El libro de misa tiene la forma de una hoja de cuadros, como un tablero, de aproximadamente un metro de largo por uno de ancho, con texto e imágenes antiguas en columnas adyacentes.

La monja debe leer una parte de la liturgia antes de que él comience, pero aún no encuentra el lugar correcto en el texto. Le ha dicho que es el número 15, pero los números no están claros y no logra encontrarlo. Sin embargo, con determinación, se vuelve hacia la congregación y encuentra el número 15 (el penúltimo en la pizarra), aunque aún no sabe si podrá descifrarlo. A pesar de ello, desea intentarlo. Despierta.

Este sueño simbolizaba una respuesta del inconsciente a los pensamientos del soñador la noche anterior. Básicamente, le decía: "Debes convertirte en sacerdote de tu propia iglesia interior, en la iglesia de tu alma". De esta manera, el sueño muestra que el soñador cuenta con el apoyo de una organización útil; está contenido en una iglesia, no una iglesia externa, sino una que existe dentro de su propio ser.

La gente, que representa todas las cualidades psíquicas del soñador, quiere que él mismo oficie la misa. Sin embargo, el sueño no se refiere a una misa real, ya que el libro de misa es muy diferente al real. Parece que la idea de la misa se utiliza como símbolo, significando un acto sacrificial en el que la Divinidad está presente para que el hombre pueda comunicarse con ella. Por supuesto, esta interpretación simbólica no es universal, sino que se aplica a este soñador en particular. Es una solución típica para un protestante, ya que un hombre que aún se siente conectado a la Iglesia católica a través de la fe real normalmente experimenta su ánima en la imagen de la Iglesia misma, y las imágenes sagradas son símbolos de su inconsciente.

Este soñador no ha tenido esta experiencia eclesiástica, por lo que tuvo que seguir un camino interior. Además, el sueño le indica lo que debe hacer: "Su apego a la madre y su extraversión, representada por su esposa, le distraen e inquietan, y las conversaciones sin sentido le impiden oficiar la misa interior. Pero si sigue a la monja, es decir, su ánima introvertida, ella le guiará como servidora y sacerdotisa. Ella posee un extraño libro de misa compuesto por 16 imágenes antiguas. Su misa consiste en la contemplación de estas imágenes psíquicas reveladas por su ánima religiosa". En otras palabras, si el soñador supera su incertidumbre interior, provocada por su complejo materno, descubrirá que su tarea vital tiene la naturaleza y cualidad de un servicio religioso, y si medita sobre el significado simbólico de las imágenes de su ánima, estas lo guiarán hacia esta realización.

En este sueño, el ánima aparece en su propio papel positivo, es decir, como mediadora entre el ego y el Ser. La configuración 4x4 de las imágenes indica que la celebración de esta misa interior se realiza al servicio de la totalidad. Como ha demostrado Jung, el núcleo de la psique (el Yo) se expresa normalmente en alguna forma de estructura cuádruple. El número cuatro también está relacionado con el ánima porque, como señaló Jung, hay cuatro etapas en su desarrollo. El primer estadio se simboliza mejor con la figura de Eva, que representa relaciones puramente instintivas y biológicas. El segundo puede verse en la Helena de Fausto, personificando un nivel romántico y estético caracterizado aún por elementos sexuales. El tercero está representado, por ejemplo, por la Virgen María, una figura que eleva el amor (eros) a las alturas de la devoción espiritual. El cuarto tipo está simbolizado por la Sapientia, la sabiduría que trasciende incluso lo más sagrado y puro. Otro símbolo es la Sulamita del Cantar de los Cantares. Sin embargo, en el desarrollo psíquico del hombre moderno, esta etapa raramente se alcanza. La Mona Lisa es la que más se asemeja a tal ánima de sabiduría.

En ciertos tipos de obras simbólicas, encontramos con frecuencia el concepto de cuádruple negación. Discutiremos más adelante los aspectos esenciales de este concepto.

Pero, ¿qué implica realmente la función del ánima como guía del mundo interior? Esta función se manifiesta de manera positiva cuando el individuo toma en serio los sentimientos, estados de ánimo, expectativas y fantasías que le comunica su ánima, y los plasma de alguna manera, ya sea a través de la escritura, la pintura, la escultura, la composición musical o la danza. Al trabajar pacientemente en este proceso, emerge desde las profundidades otro material inconsciente que se conecta con el anterior. Una vez que una fantasía se ha plasmado en una forma específica, es necesario examinarla tanto intelectual como éticamente, con una evaluación basada en los sentimientos. Es fundamental considerarla como absolutamente real, sin dudar de que es "solo una fantasía". Si se practica con dedicación durante un período prolongado, el proceso de individuación se convierte gradualmente en la única realidad y puede desarrollarse en su verdadera forma.

Numerosos ejemplos de la literatura ilustran el papel del ánima como guía y mediadora del mundo interior: La Hipnerotomaquia de Francesco Colonna, Ella de Rider Haggard o "el eterno femenino" en el Fausto de Goethe. En un texto místico medieval, una figura del ánima describe su propia naturaleza de la siguiente manera:

"Soy la flor del campo y el lirio de los valles. Soy la madre del amor hermoso y del temor, del conocimiento y de la santa esperanza... Soy la mediadora de los elementos, armonizando unos con otros; lo cálido lo vuelvo frío y viceversa, lo seco lo vuelvo húmedo y viceversa, lo duro lo suavizo... Soy la ley en el sacerdote, la palabra en el profeta y el consejo en el sabio. Puedo dar la vida o la muerte, y nadie puede librarse de mi mano."

Durante la Edad Media, se produjo una diferenciación espiritual notable en cuestiones religiosas, poéticas y culturales, y el mundo fantástico del inconsciente se reconoció más claramente que antes. Durante este período, el culto caballeresco a la dama representó un intento de diferenciar el aspecto femenino de la naturaleza humana, tanto en relación con las mujeres reales como con el mundo interior.

La dama a la que el caballero servía y por la que realizaba hazañas heroicas era, naturalmente, una personificación del ánima. El nombre de la portadora del Grial, en la versión de la leyenda de Wolfram von Eschenbach, es especialmente significativo: Conduir-amour ("guía en asuntos de amor"). Ella enseñó al héroe a distinguir sus sentimientos y su comportamiento hacia las mujeres. Sin embargo, más tarde, este esfuerzo individual y personal de desarrollar la relación con el ánima se abandonó cuando su aspecto sublime se fusionó con la figura de la Virgen, que se convirtió entonces en objeto de devoción y alabanza sin límites. Cuando el ánima, como Virgen, fue concebida como completamente positiva, sus aspectos negativos encontraron expresión en la creencia en las brujas.

En China, la figura paralela a la de María es la diosa Kwan-Yin. Una figura del ánima china más popular es la "Dama de la Luna", que otorga el don de la poesía o la música a sus favoritos e incluso puede concederles la inmortalidad. En la India, el mismo arquetipo está representado por Shakti, Parvati, Rati y muchas otras; entre los musulmanes, sobre todo por Fátima, la hija de Mahoma.

La conexión entre el motivo del cuatro y el ánima se manifiesta en una pintura del artista suizo Peter Birkhäuser. Un ánima de cuatro ojos aparece como una visión sobrecogedora y aterradora. Los cuatro ojos tienen un significado simbólico similar al de los 16 cuadros del sueño citados anteriormente. Sugieren que el ánima contiene la posibilidad de alcanzar la totalidad.

El culto al ánima como figura oficialmente reconocida conlleva el grave inconveniente de que pierde sus aspectos individuales. Por otro lado, considerarla como un ser exclusivamente personal puede llevar a que, si se proyecta al mundo exterior, solo se la pueda encontrar allí. Esta situación puede generar problemas interminables, ya que el individuo puede convertirse en víctima de sus fantasías eróticas o depender compulsivamente de una mujer real.

Solo la dolorosa (pero esencialmente sencilla) decisión de tomar en serio las propias fantasías y sentimientos puede evitar un estancamiento completo en el proceso interior de individuación en esta etapa, ya que solo así el individuo puede descubrir el verdadero significado de esta figura como realidad interior. Así, el ánima vuelve a ser lo que era originalmente: la "mujer interior" que transmite mensajes vitales del Ser.

La personificación masculina en la psique femenina

En la psique femenina, el animus representa la personificación masculina del inconsciente, y al igual que el ánima en los hombres, exhibe tanto aspectos positivos como negativos. Sin embargo, el animus no se manifiesta con tanta frecuencia en forma de fantasía erótica o estado de ánimo, sino más bien como una convicción "sagrada" oculta. Cuando esta convicción se expresa con una voz fuerte, insistente y masculina, o se impone a los demás mediante escenas emocionales intensas, se reconoce fácilmente la presencia de la masculinidad subyacente en una mujer. Incluso en mujeres que parecen muy femeninas externamente, el animus puede manifestarse como un poder igualmente duro e inflexible, mostrando una obstinación, frialdad y falta de accesibilidad.

Una de las ideas recurrentes que el animus presenta en el pensamiento de este tipo de mujeres es algo así como: "Lo único que quiero en el mundo es amor... y él no me quiere", o "En esta situación solo hay dos posibilidades... y ambas son igualmente malas" (el animus rara vez admite excepciones). Las opiniones del animus son difíciles de contradecir porque suelen ser correctas de manera general, pero raramente se ajustan a la situación individual. Parecen razonables, pero no son pertinentes.

En la novela "Cumbres Borrascosas" de Emily Brontë, el siniestro protagonista Heathcliff representa en parte una figura de animus negativa y demoníaca, posiblemente una manifestación del propio animus de la autora. Esta interpretación se ve reforzada por el montaje que enfrenta a Heathcliff (interpretado por Laurence Olivier en la película de 1939) con Emily (representada por su hermano), con el paisaje de Cumbres Borrascosas al fondo.

Al igual que el carácter del ánima en un hombre está influenciado por su madre, el animus de una mujer está principalmente moldeado por su padre. El padre dota al animus de su hija con unas convicciones indiscutibles y "verdaderas" que no incluyen la realidad personal de la mujer tal como es en realidad.

Por lo tanto, el animus puede ser, como el ánima, un demonio de muerte. Por ejemplo, en un cuento de hadas gitano, una mujer solitaria recibe a un apuesto desconocido a pesar de haber soñado con que era el rey de los muertos. Cuando le insiste para que le revele su verdadera identidad, él le revela que es la propia muerte, y ella muere de miedo.

El animus negativo también puede aparecer como un ladrón y asesino en los mitos y cuentos de hadas. Un ejemplo es Barba Azul, quien asesina a sus esposas en secreto en una cámara oculta. Esta forma de animus personifica reflexiones semiconscientes, frías y destructivas que invaden a una mujer, especialmente en horas de la madrugada, llevándola a pensamientos maliciosos e intrigantes, e incluso a desear la muerte de otros.

La posesión por parte del animus puede conducir a actitudes destructivas y a una extraña pasividad, parálisis emocional o profunda inseguridad en una mujer. Solo cuando la posesión desaparece, uno se da cuenta de que ha actuado en contra de sus verdaderos pensamientos y sentimientos. Es esencial reconocer que el animus, al igual que el ánima, no se limita a cualidades negativas, sino que también tiene un lado positivo y valioso que puede conducir al individuo hacia la creatividad y la conexión con el Ser.

En los sueños, el ánimus a menudo se representa como un grupo de hombres, lo que simboliza su naturaleza colectiva más que personal. Por ello, cuando el ánimus habla a través de las mujeres, estas suelen referirse a él como "uno", "ellos" o "todos", utilizando palabras como "siempre", "debería" y "debería" en su discurso.

Numerosos mitos y cuentos de hadas narran la historia de un príncipe convertido en animal o monstruo por brujería, quien es redimido por el amor de una joven. Este proceso simboliza la toma de conciencia del ánimus. A menudo, la heroína no puede hacer preguntas sobre su misterioso esposo, y cuando lo encuentra, puede ser en la oscuridad y sin poder verlo. Esta falta de visión simboliza la confianza ciega en el ánimus. Sin embargo, esta confianza rara vez se cumple, ya que el ánimus suele romper su promesa. En última instancia, la heroína solo puede encontrar a su amante después de una búsqueda larga y dolorosa.

En la vida real, enfrentarse al problema del ánimus requiere tiempo y sufrimiento. Sin embargo, al reconocer quién es su ánimus y enfrentarse a él, una mujer puede convertirlo en un compañero interior valioso, dotándola de cualidades masculinas como iniciativa, valentía, objetividad y sabiduría espiritual.

Al igual que el ánima, el ánimus pasa por cuatro etapas de desarrollo. En primer lugar, se presenta como un símbolo del poder físico, como un atleta o un hombre musculoso. Luego, muestra iniciativa y capacidad para la acción planificada. En la tercera etapa, se convierte en la "palabra", a menudo representado como profesor o clérigo. Finalmente, en su cuarta etapa, encarna el sentido y se convierte en mediador de la experiencia religiosa, otorgando firmeza espiritual y apoyo interior.

El ánimus puede conectarse con la evolución espiritual de su época, lo que hace a las mujeres receptivas a nuevas ideas creativas. Sin embargo, la posesión del ánimus puede causar problemas matrimoniales, arrastrando la conversación a un nivel bajo y creando una atmósfera emocional negativa.

El lado positivo del ánimus puede representar emprendimiento, valentía, veracidad y profundidad espiritual, ayudando a una mujer a encontrar una actitud espiritual intensificada hacia la vida. Sin embargo, para lograr esto, la mujer debe cuestionar sus propias convicciones y estar abierta a las sugerencias del inconsciente, incluso cuando contradigan las opiniones del ánimus.

Cuando una persona ha superado el problema del ánimus, el inconsciente cambia y aparece una nueva forma simbólica: el Yo. En los sueños de una mujer, el Yo puede personificarse como una figura femenina superior, como una sacerdotisa o una diosa de la naturaleza. En el caso de un hombre, se manifiesta como un iniciador y guardián masculino. Dos cuentos populares ilustran este papel del Yo, donde una figura simbólica ayuda al individuo a superar un aspecto peligroso de su ánima.

En la psique femenina, el Yo adopta representaciones femeninas, como ya se ha mencionado. Esto se ejemplifica en una historia esquimal que narra el encuentro de una joven solitaria, desilusionada en el amor, con un mago que navega en un barco de cobre, conocido como el "Espíritu de la Luna". Este ser celestial, que otorga a la humanidad todos los animales y brinda suerte en la caza, la lleva consigo al reino celestial. Una vez allí, la deja sola y ella visita una casa cerca de la morada del "Fantasma de la Luna", donde encuentra a una diminuta mujer vestida con la membrana intestinal de una foca barbuda. Esta mujer le advierte sobre el Espíritu de la Luna, revelándole sus intenciones de hacerle daño. La diminuta mujer elabora una larga cuerda para que la joven pueda regresar a la Tierra durante la luna nueva, momento en el que el poder del Espíritu de la Luna se debilita. Sin embargo, la joven no abre los ojos a tiempo al regresar, lo que resulta en su transformación en araña y la imposibilidad de volver a ser humana.

En este relato, el músico divino del cuento anterior personifica al "viejo sabio", un arquetipo común del Ser, similar a figuras como el hechicero Merlín de la leyenda medieval o el dios griego Hermes. La pequeña mujer, con su peculiar atuendo de membrana, representa al Yo tal como se manifiesta en la psique femenina. Mientras el viejo músico protege al héroe del ánima destructiva, la mujer diminuta protege a la joven del "Barba Azul" esquimal, encarnado en el Espíritu de la Luna. Sin embargo, en este caso, las cosas toman un giro desafortunado, aspecto que se abordará más adelante.

El Ser no siempre adopta la forma de un anciano sabio. Estas personificaciones pueden ser intentos de expresar algo más allá del tiempo, algo que abarca tanto la juventud como la vejez. Un sueño que Jung relata de un hombre de mediana edad ilustra al Ser como un joven:

Un joven cabalgó hasta su jardín desde la calle. (No había arbustos ni valla, como en la vida real; el jardín estaba abierto). No estaba claro si había llegado allí a propósito o si el caballo lo había llevado contra su voluntad.

Se detuvo en el camino hacia su estudio y observó su llegada con gran placer. La visión del joven sobre su hermoso caballo le impactó profundamente.

El caballo, un animal pequeño, salvaje y poderoso, similar a un jabalí, con pelaje espeso y erizado de color gris plateado, simbolizaba la energía. El joven pasó junto a él entre el estudio y la casa, saltó del caballo y lo alejó con cuidado para no dañar el parterre recién plantado por su esposa (un suceso onírico).

Este joven representa al Ser, que trae consigo la renovación de la vida, un impulso creativo y una nueva orientación espiritual que infunde vitalidad y emprendimiento a todo.

Cuando un hombre sigue las indicaciones de su inconsciente, puede recibir este don. De repente, una vida monótona y aburrida se transforma en una aventura interior rica y llena de posibilidades creativas. En la psicología femenina, esta personificación juvenil del Ser puede manifestarse como una joven sobrenaturalmente talentosa. En sus escritos, Jung relata el sueño de una mujer de unos cuarenta años:

Se encontraba frente a una iglesia, lavando el pavimento con agua. Luego corrió calle abajo cuando los alumnos salían del instituto. Llegó a un río estancado con una tabla o tronco de árbol sobre él. Mientras intentaba cruzarlo, un alumno travieso hizo que la tabla se rompiera, casi haciéndola caer al agua. "¡Idiota!" gritó. Al otro lado del río, tres niñas jugaban y una de ellas le ofreció ayuda. Aunque pensó que su mano no sería lo suficientemente fuerte, logró, sin esfuerzo aparente, llevarla a la orilla.

La figura de la estudiante, que representa un pensamiento previo de la soñadora sobre satisfacer su anhelo espiritual en la escuela, la ayuda en su momento de necesidad. Este acto refleja la intervención del Ser, pequeña pero poderosa, en su vida.

La figura del Ser en los sueños no se limita a la forma humana, ya sea joven o anciana. A través de diversas edades, el Ser muestra su presencia constante más allá de nuestra experiencia consciente del tiempo y del espacio. En ocasiones, se manifiesta como un ser humano gigantesco y simbólico que abarca todo el cosmos, lo que indica una solución creativa a los conflictos personales.

La presencia recurrente de la figura del Hombre Cósmico en diversos mitos y enseñanzas religiosas no sorprende. Suele retratarse como algo beneficioso y positivo, encarnando a veces figuras como Adán, el Gayomart persa o el Purusha hindú. Este concepto puede incluso representar el principio fundamental de todo el universo. Por ejemplo, los antiguos chinos concebían que antes de la creación existía un colosal ser divino llamado P'an Ku, quien modeló el cielo y la tierra. Según su estado de ánimo, influía en el clima y fenómenos naturales. Tras su muerte, su cuerpo dio origen a las cinco montañas sagradas de China, y sus ojos se convirtieron en el sol y la luna.

El Hombre Cósmico, esa figura colosal que abarca y personifica el universo entero, es una representación común del Ser en mitos y sueños. Por ejemplo, en la portada de "Leviatán" de Thomas Hobbes, la gigantesca figura del Leviatán simboliza a toda la comunidad, donde el pueblo elige a su autoridad central. El P'an Ku chino, cubierto de hojas, sugiere una existencia natural y orgánica.

Se observa que las estructuras simbólicas relacionadas con el proceso de individuación suelen basarse en el número cuatro, como las cuatro funciones de la conciencia. Este motivo reaparece en la figura cósmica de P'an Ku. En la cultura occidental, se asocia al símbolo de Adán, el Primer Hombre, como una representación de la unidad total de la humanidad.

En Persia, el Primer Hombre, Gayomart, era visto como una figura luminosa de la que brotaron metales y oro tras su muerte. En Oriente, el Hombre Cósmico se percibe más como una imagen psíquica interior que como una realidad externa. En la tradición hindú, el Purusha habita en cada individuo y en el cosmos mismo, siendo el principio y la meta final de la vida y la creación.

Desde una perspectiva psicológica, toda la realidad interior de cada individuo apunta hacia este símbolo arquetípico del Ser. Esto implica que la existencia humana no puede explicarse únicamente en términos de instintos aislados o mecanismos intencionales, sino que su propósito último es ser humano. Más allá de las pulsiones básicas como el hambre o el poder, nuestra realidad psíquica interior revela un misterio vivo que a menudo se expresa a través del símbolo del Hombre Cósmico.

En nuestra cultura occidental, se ha asociado ampliamente al Hombre Cósmico con Cristo, mientras que en Oriente se le identifica con Krishna o Buda. En el Antiguo Testamento, esta figura simbólica es conocida como el "Hijo del Hombre", y en el misticismo judío posterior se le conoce como Adam Kadmon. Algunos movimientos religiosos de épocas pasadas lo referían simplemente como Anthropos (hombre en griego). Como cualquier símbolo, esta imagen apunta hacia un secreto insondable, el significado último e desconocido de la existencia humana.

Según ciertas tradiciones, se dice que el Hombre Cósmico representa la culminación de la creación, pero su realización no debe interpretarse como un evento externo tangible. Desde la perspectiva hindú, por ejemplo, no se trata tanto de que el mundo exterior se disuelva algún día en el Gran Hombre original, sino más bien de que la orientación del ego hacia el mundo externo se desvanezca para dar paso al Hombre Cósmico. Esto ocurre cuando el ego se fusiona con el Ser. El flujo constante de pensamientos y deseos del ego se aquietan cuando se encuentra con el Gran Hombre interior. Es importante recordar que nuestra percepción consciente da forma a nuestra realidad externa, y no podemos afirmar su existencia independiente y absoluta.

Los numerosos ejemplos provenientes de diversas culturas y épocas demuestran la universalidad del símbolo del Gran Hombre. Su imagen perdura en la mente humana como una meta o expresión del misterio fundamental de la vida. Al representar la totalidad y la completitud, este símbolo a menudo se concibe como una entidad bisexual. Esta unión de opuestos psicológicos, lo masculino y lo femenino, aparece con frecuencia en los sueños como una pareja divina. En sus escritos, Jung relata un sueño particular de un hombre de 47 años que ilustra este aspecto del Ser de manera notable:

El sueño comienza con la aparición de una osa, que emerge de la oscuridad, arrastrando una piedra ovalada oscura entre sus patas delanteras. La osa se detiene, olfatea el suelo y frota la piedra, puliéndola. Comienza a formarse un remolino de agua alrededor de la osa y la piedra. En medio de esto, aparece una pareja real, con vestimentas coloridas, montando a lomos de leones. El rey lleva una corona de hojas de hiedra y la reina una corona dorada.

Varias mujeres primitivas e indígenas con el torso desnudo comienzan a cantar. Sin previo aviso, el león da un salto y la reina cae al suelo. En ese momento, las mujeres primitivas y un grupo de mujeres muy civilizadas entonan un himno triunfal.

En ese momento, el soñador desperta.

El núcleo interno de la psique del soñador se manifiesta al inicio en una visión temporal de una pareja real emergiendo de las profundidades de su naturaleza animal y de las capas primitivas de su inconsciente. La osa al principio representa una especie de deidad materna. La piedra ovalada oscura que la osa frota y pule probablemente simboliza la verdadera esencia del soñador. Frotar y pulir piedras es una actividad ancestral que simboliza la formación y el refinamiento del ser interior. El sueño sugiere que el soñador debe permitirse entrar en contacto con este aspecto de la vida; es a través de las tensiones y desafíos de la vida conyugal que su ser interior puede moldearse y pulirse.

Cuando la piedra esté completamente pulida, brillará como un espejo, reflejando a la osa. Esto significa que solo aceptando los aspectos terrenales y los sufrimientos de la vida, el alma humana puede transformarse en un espejo que refleje los poderes divinos. Sin embargo, el soñador huye a un lugar más elevado, buscando escapar de las exigencias de la vida. El sueño le muestra que al evadir estas demandas, una parte de su alma (su ánima) permanecerá indiferenciada, como lo simboliza el grupo de mujeres de naturaleza indescriptible que se dividen entre lo primitivo y lo civilizado.

La leona y su cría que aparecen más tarde en el sueño personifican el misterioso impulso hacia la individuación, representado por su labor de dar forma a las piedras redondas. Los leones, como pareja real, simbolizan la totalidad. En la alquimia medieval, la "piedra filosofal", símbolo de la totalidad del ser humano, se representa a menudo como una pareja de leones o una pareja humana montada sobre leones. Esto sugiere que el impulso hacia la individuación a menudo se manifiesta veladamente, oculto en la pasión ardiente que uno puede sentir por otra persona. La intensidad de este tipo de amor apunta, en última instancia, al misterio de la completitud, y es por eso que uno siente que alcanzar la unidad con la otra persona es el propósito más significativo de la vida.

En los sueños, un espejo puede representar el poder del inconsciente para proporcionar una visión objetiva del individuo, ofreciéndole una imagen de sí mismo que quizás nunca antes haya considerado. Esta visión, que a menudo desconcierta y perturba a la mente consciente, solo puede obtenerse a través del inconsciente. Un ejemplo de esto se encuentra en el mito griego de la Gorgona Medusa, cuya mirada convertía a los hombres en piedra y solo podía ser contemplada a través de un espejo. En la pintura de Caravaggio del siglo XVII se muestra a Medusa reflejada en un escudo.

Mientras que en este sueño la imagen de la totalidad se manifiesta en forma de una pareja de leones, permanecerá imbuida de una pasión abrumadora. Sin embargo, cuando el león y la leona se transforman en rey y reina, el impulso hacia la individuación ha alcanzado un nivel de realización consciente y puede ser comprendido por el ego como el verdadero propósito de la vida.

Antes de que los leones se transformen en seres humanos, solo las mujeres primitivas cantan, expresando sentimientos de manera sentimental. Esto sugiere que los sentimientos del soñador permanecen en un nivel primitivo y sentimental. Pero en honor a los leones humanizados, tanto las mujeres primitivas como las civilizadas entonan un himno común de alabanza. Esta expresión unificada de sentimientos muestra que la división interna del ánima se ha transformado en una armonía interior.

Otra representación del Ser se encuentra en el relato de la "imaginación activa" de una mujer, que Jung describió en sus escritos. La imaginación activa es una forma de meditación imaginativa que permite a uno entrar en contacto deliberadamente con el inconsciente y establecer una conexión consciente con los fenómenos psíquicos. En la meditación de la mujer, el Yo se manifiesta como un ciervo, que le comunica al ego: "Soy tu hijo y tu madre. Me llaman el 'animal conector' porque conecto a personas, animales e incluso piedras entre sí si entro en ellos. Soy tu destino o el 'yo objetivo'. Cuando aparezco, te libero de los peligros sin sentido de la vida. El fuego que arde en mi interior arde en toda la naturaleza. Si un hombre pierde contacto conmigo, se vuelve egocéntrico, solitario, desorientado y débil".

El Yo se suele simbolizar como un animal, representando nuestra naturaleza instintiva y su conexión con el entorno. Esta relación del Yo con la naturaleza circundante e incluso con el cosmos probablemente se derive del hecho de que el "átomo nuclear" de nuestra psique está de alguna manera entrelazado con el mundo exterior y el interior. De este modo, el inconsciente está en sintonía con nuestro entorno, nuestra sociedad y la naturaleza en general. Los sueños también pueden proporcionar orientación tanto al hombre primitivo como al civilizado para encontrar su camino a través de los desafíos de la vida interior y exterior. Al prestar atención a nuestros sueños, podemos comenzar a percibir un mundo lleno de eventos significativos y secretamente ordenados en lugar de vivir en un mundo de casualidades sin sentido.

Sin embargo, en general, nuestros sueños no se centran principalmente en nuestra adaptación a la vida exterior. En nuestra sociedad civilizada, la mayoría de los sueños están relacionados con el desarrollo de la actitud interior correcta hacia el Ser, ya que esta conexión está más perturbada en nosotros debido a las formas modernas de pensar y comportarse. Mientras que los pueblos primitivos suelen vivir directamente desde su centro interno, nosotros, con nuestra conciencia desarraigada, estamos tan inmersos en asuntos externos que a menudo nos resulta difícil recibir los mensajes del Ser. Nuestra mente consciente crea constantemente la ilusión de un mundo exterior claramente definido y "posterior", lo que bloquea muchas otras percepciones. Sin embargo, a través de nuestro inconsciente, estamos misteriosamente conectados con nuestro entorno psíquico y físico.

Como se mencionó anteriormente, el Ser se simboliza a menudo en forma de piedra, ya sea preciosa o no. En muchos sueños, el núcleo central, el Ser, también aparece como un cristal. La disposición matemáticamente precisa de un cristal evoca en nosotros la sensación intuitiva de que, incluso en la llamada materia "muerta", existe un principio de orden espiritual. Por lo tanto, el cristal simboliza a menudo la unión de opuestos extremos: materia y espíritu.

Los cristales y las piedras pueden ser símbolos especialmente adecuados del Ser debido a la "justeza" de su naturaleza. Muchas personas sienten una fascinación por recoger piedras de colores o formas inusuales, sin saber por qué lo hacen. Parece como si las piedras encerraran un misterio vivo que las atrae. Desde tiempos antiguos, los seres humanos han coleccionado piedras, creyendo que algunas de ellas contenían la fuerza vital con todo su misterio. Por ejemplo, los antiguos germanos creían que los espíritus de los muertos seguían viviendo en sus lápidas. La costumbre de colocar piedras sobre las tumbas puede deberse en parte a la idea simbólica de que algo eterno de la persona fallecida permanece, lo que puede representarse mejor mediante una piedra. Aunque el ser humano es muy diferente de una piedra, el centro más íntimo del hombre se asemeja de manera extraña y especial a una piedra. En este sentido, la piedra simboliza la experiencia más simple y profunda: la experiencia de algo eterno que el hombre puede tener en aquellos momentos en que se siente inmortal e inalterable.

A menudo, el Ser se representa como un animal servicial, símbolo de la base instintiva de la psique. Por ejemplo, en la historia de los hermanos Grimm "El pájaro de oro", aparece un zorro mágico. También en la mitología hindú, el dios mono Hanuman lleva a los dioses Siva y Parvati en su corazón.

Las piedras son imágenes frecuentes del Ser debido a su completitud, es decir, su inmutabilidad y durabilidad. Algunos hindúes transmiten de padres a hijos piedras que se cree que tienen poderes mágicos.

El impulso que encontramos en prácticamente todas las civilizaciones de erigir monumentos de piedra a hombres célebres o en el lugar de acontecimientos importantes probablemente también proviene de este significado simbólico de la piedra. La piedra que Jacob colocó en el lugar donde tuvo su famoso sueño, o ciertas piedras dejadas por la gente sencilla sobre las tumbas de santos o héroes locales, muestran la naturaleza original del impulso humano de expresar una experiencia de otro modo inexpresable mediante el símbolo de la piedra. No es de extrañar que muchos cultos religiosos utilicen una piedra para representar a Dios o marcar un lugar de culto. Según el simbolismo eclesiástico cristiano, Cristo es "la piedra que desecharon los constructores", que se convirtió en "la cabeza del ángulo" (Lucas XX: 17). También se le llama "la roca espiritual de la que brota el agua de la vida" (1 Cor. X:4). Los alquimistas medievales creían que su famosa "piedra filosofal" contenía el secreto de la materia o el funcionamiento de la actividad divina. Sin embargo, algunos alquimistas percibieron que su piedra buscada era un símbolo de algo que solo puede encontrarse dentro de la psique del hombre. Un antiguo alquimista árabe, Morienus, dijo: "Esta cosa [la piedra filosofal] se extrae de ti: tú eres su mineral, y uno puede encontrarla en ti; o, para decirlo más claramente, ellos [los alquimistas] la toman de ti. Si reconoces esto, el amor y la aprobación de la piedra crecerán en ti. Sabed que esto es cierto sin lugar a dudas".

La cualidad "eterna" de las piedras se manifiesta en los guijarros y en las montañas, como se observa en las rocas bajo el monte Williamson, California. Por esta razón, la piedra ha sido utilizada desde siempre en la creación de monumentos conmemorativos, como las cabezas de cuatro presidentes de Estados Unidos talladas en el acantilado del monte Rushmore, en Dakota del Sur.

El lapis alquímico, o piedra filosofal, simboliza algo que nunca puede perderse ni disolverse, algo eterno que algunos alquimistas comparaban con la experiencia mística de Dios dentro del alma humana. A menudo, se requiere un sufrimiento prolongado para despojarnos de todos los elementos psíquicos superfluos que ocultan la piedra. Sin embargo, la mayoría de las personas experimentan alguna vez en la vida una profunda conexión con el Ser. Desde una perspectiva psicológica, una actitud genuinamente religiosa implica esforzarse por descubrir esta experiencia única y mantener una conexión continua con ella, ya que la piedra misma es un símbolo de permanencia. Esto convierte al Ser en un compañero interior hacia el cual se dirige constantemente nuestra atención.

El hecho de que el símbolo más elevado y frecuente del Yo sea un objeto de materia inorgánica sugiere otra área de investigación y especulación: la relación aún desconocida entre lo que llamamos psique inconsciente y lo que llamamos "materia". Jung propuso un nuevo concepto al respecto, denominado sincronicidad, que se refiere a una "coincidencia significativa" de eventos externos e internos que no están causalmente relacionados, sino que están conectados por su significado simbólico.

Cuando observamos este tipo de coincidencias significativas en la vida de un individuo, parece que hay un arquetipo activado en su inconsciente, manifestándose tanto en eventos internos como externos. Este fenómeno sugiere la existencia de una relación entre la psique y la materia que va más allá de la causalidad directa.

El concepto de sincronicidad es una herramienta que nos permite explorar más profundamente esta interrelación entre la psique y la materia. Aunque todavía es un tema abierto y en proceso de exploración, ofrece posibilidades intrigantes para la investigación futura en los campos de la psicología y la física.

Aunque esta discusión sobre la sincronicidad puede parecer alejada del tema principal, es importante hacer al menos una breve referencia a ella, ya que es una hipótesis junguiana cargada de futuras posibilidades de investigación y aplicación. Los eventos sincrónicos suelen acompañar las fases cruciales del proceso de individuación, pero a menudo pasan desapercibidos porque el individuo no ha aprendido a estar atento a tales coincidencias y a interpretar su significado en relación con el simbolismo de sus sueños.

En la sociedad moderna, cada vez más personas, especialmente las que residen en grandes urbes, experimentan un profundo vacío y aburrimiento, como si estuvieran aguardando algo que nunca llega. Aunque el entretenimiento como el cine, la televisión, los eventos deportivos y la participación política pueden ofrecer distracción temporal, tarde o temprano se encuentran agotados y desilusionados, regresando una y otra vez al desierto de sus propias vidas.

La única aventura verdadera que aún queda para el ser humano moderno reside en el reino interior de la psique inconsciente. Con esta noción en mente, muchos recurren al yoga y otras prácticas orientales. Sin embargo, estas actividades no proporcionan una experiencia auténticamente nueva, ya que simplemente retoman lo que ya han explorado los hindúes o chinos, sin enfrentarse directamente con su propio centro vital interno. A diferencia de seguir un camino preestablecido, Jung desarrolló un método para acceder al centro interior y establecer contacto con el misterio vivo del inconsciente, de manera independiente y sin ayuda externa.

Mantener una atención constante en la realidad viva del Ser es como vivir simultáneamente en dos niveles o mundos diferentes. Aunque uno continúa con las responsabilidades externas, debe permanecer alerta a los indicios y señales tanto en los sueños como en los eventos externos, que el Ser utiliza para comunicar sus intenciones: la dirección de la corriente vital.

Los antiguos textos chinos comparan esta experiencia con un gato que vigila una ratonera. Se aconseja mantener la mente libre de distracciones, pero sin llegar a estar excesivamente alerta o aburrida. Existe un nivel óptimo de percepción. Cuando el entrenamiento se lleva a cabo de esta manera, con el tiempo se vuelve efectivo, y cuando se alcanza la madurez, el individuo experimenta un despertar supremo. En este momento, se libera de todas las dudas y alcanza una gran felicidad.

Así, en medio de la vida cotidiana, uno se encuentra inmerso de repente en una emocionante aventura interior, única para cada individuo y no susceptible de ser imitada o robada.

La pérdida del contacto con el centro regulador del alma puede atribuirse a dos razones principales. La primera es la tendencia a una unilateralidad, donde una sola pulsión instintiva o imagen emocional puede llevar a una pérdida de equilibrio. La segunda amenaza proviene de una excesiva consolidación de la conciencia del ego, que bloquea la recepción de impulsos y mensajes del centro inconsciente o el Yo. Muchos sueños de personas civilizadas buscan restaurar esta receptividad, corrigiendo la actitud del ego hacia el centro interior.

En la mitología, se enfatiza la representación del Yo a través de las cuatro esquinas del mundo, a menudo visualizado con el Gran Hombre en el centro de un círculo dividido en cuatro partes. Jung empleó el término hindú "mandala" (círculo mágico) para describir esta estructura, que simboliza el "átomo nuclear" de la psique humana, cuya esencia aún nos resulta desconocida. Resulta interesante que un cazador Naskapi representara al Gran Hombre no como un ser humano, sino como un mandala.

Mientras que los Naskapi experimentan el centro interior directamente y de manera ingenua, sin la ayuda de ritos o doctrinas religiosas, otras comunidades utilizan el motivo del mandala para restaurar el equilibrio interior perdido. Por ejemplo, los indios Navajo emplean pinturas de arena estructuradas en mandalas para restablecer la armonía de una persona enferma consigo misma y con el cosmos, en busca de su curación.

En las civilizaciones orientales, se emplean imágenes similares para fortalecer el ser interior o inducir a una meditación profunda. Contemplar un mandala busca proporcionar paz interior y una sensación de que la vida ha recuperado su sentido y orden. Incluso cuando aparece espontáneamente en los sueños de personas no influenciadas por tradiciones religiosas, como en el caso de una mujer de 62 años que Jung describe, el mandala ejerce un efecto positivo, ya que el conocimiento y la tradición a veces pueden distorsionar o bloquear la experiencia espontánea.

Un sueño de esta mujer revela la emergencia de un mandala como preludio de una nueva fase creativa en su vida:

En el sueño, un paisaje bañado en una tenue luz revela una colina con una cresta ascendente, donde se desplaza un disco cuadrangular que brilla como el oro. A medida que la tierra oscura arada comienza a brotar, una mesa redonda con una losa de piedra gris aparece en primer plano. De manera súbita, el disco cuadrangular se desplaza hacia la mesa, abandonando la colina sin explicación aparente.

Este sueño, como muchas obras de arte, simboliza un estado de ánimo inexpresable. La tenue luz sugiere que la claridad de la conciencia diurna se ha atenuado, permitiendo que la "naturaleza interior" emerja bajo su propia luz. El disco cuadrangular, símbolo del Yo, pasa de ser una idea intuitiva para convertirse en el centro del paisaje del alma. Este cambio representa el comienzo de un crecimiento interior, donde una semilla plantada hace mucho tiempo finalmente empieza a brotar.

El movimiento del disco dorado hacia la derecha simboliza la toma de conciencia y la adaptación consciente. Finalmente, el disco se posa sobre una mesa redonda de piedra, encontrando una base permanente para su presencia.

Jung destacó que la exploración del propio inconsciente es la única aventura real que queda para cada individuo. El objetivo final de esta búsqueda es establecer una relación armoniosa y equilibrada con el Ser. El mandala circular representa este equilibrio perfecto, reflejado en la estructura de la moderna catedral de Brasilia.

En los cuadros pintados por la soñadora, el motivo del mandala aparece como un cuadrángulo en lugar de un círculo. Mientras que las formas cuadrangulares simbolizan la realización consciente de la totalidad interior, las formas circulares representan la totalidad natural. En el sueño, el disco cuadrado y la mesa redonda se encuentran, sugiriendo la aproximación a la realización consciente del centro. La mesa redonda, por su parte, es un símbolo conocido de la totalidad y desempeña un papel en la mitología, como la mesa redonda del Rey Arturo, derivada de la Última Cena.

Cuando un individuo se adentra en su mundo interior en busca de autoconocimiento, explorando no solo sus pensamientos y sentimientos subjetivos, sino también las manifestaciones de su propia naturaleza objetiva, como los sueños y las fantasías genuinas, tarde o temprano se encuentra con el Ser. En este proceso, el ego descubre un poder interior que contiene todas las posibilidades de renovación.

Sin embargo, existe una dificultad significativa que hasta ahora se ha mencionado de manera indirecta. Cada manifestación del inconsciente -la sombra, el ánima, el ánimus y el Yo- tiene tanto aspectos luminosos como oscuros. Ya se ha observado cómo la sombra puede manifestarse como un impulso instintivo que necesita ser superado, pero también puede ser un motor de crecimiento personal que uno debe cultivar. De manera similar, tanto el ánima como el ánimus presentan una dualidad: pueden contribuir al desarrollo vital y creativo de la personalidad, o pueden llevar a la petrificación y, metafóricamente hablando, a la muerte.

Incluso el Yo, que simboliza el centro de la psique, posee esta ambivalencia. Un ejemplo ilustrativo es el cuento esquimal en el que la "mujercita" ofrece salvar a la heroína del Espíritu de la Luna, pero en realidad la convierte en una araña.

El aspecto oscuro del Yo representa el mayor peligro debido a su posición predominante en la psique. Puede llevar a las personas a tejer fantasías megalomaníacas u otros delirios que las atrapan y dominan. Quienes caen en este estado pueden creer, con creciente fervor, que han alcanzado una comprensión profunda y resuelto los misterios cósmicos, perdiendo así todo contacto con la realidad humana. Una señal clara de este estado es la pérdida del sentido del humor y de las relaciones humanas.

Por lo tanto, el despertar del Ser puede conllevar un gran peligro para la conciencia consciente del individuo. Este doble aspecto del Yo se ilustra en el antiguo cuento de hadas iraní "El Secreto del Baño Bâdgerd":

Un valiente príncipe llamado Hâtim Tâi recibe el encargo de su rey de investigar el misterioso Baño Bâdgerd. Después de enfrentarse a numerosas aventuras peligrosas, llega al lugar y se encuentra con un barbero que le conduce a una bañera en un edificio circular. Una vez dentro, estalla un ruido ensordecedor, se oscurece todo a su alrededor, el barbero desaparece y el agua comienza a subir lentamente.

Hâtim nada desesperadamente hasta que el agua llega al techo de la bañera, formando una cúpula. Temiendo estar perdido, reza y se agarra a la piedra central de la cúpula. De repente, todo cambia y se encuentra solo en un desierto.

Después de un largo vagabundeo, llega a un hermoso jardín con un círculo de estatuas de piedra en su centro. En medio de las estatuas, ve un loro en una jaula y una voz le dice desde arriba: "Oh, héroe, es probable que no salgas vivo de este baño. Una vez, Gayomart, el Primer Hombre, encontró un diamante enorme que brillaba más que el sol y la luna. Decidió esconderlo en este baño mágico para protegerlo. El loro que ves forma parte de la magia. A sus pies, hay un arco de oro y una flecha en una cadena de oro. Puedes intentar disparar tres veces al loro. Si le das, la maldición desaparecerá; de lo contrario, quedarás petrificado como las otras personas que ves aquí".

Hâtim intenta disparar al loro, pero falla en sus dos primeros intentos y su cuerpo se petrifica gradualmente. En su tercer intento, cierra los ojos, exclama "Dios es grande" y dispara a ciegas, acertando al loro. Tras un estallido de truenos y polvo, el loro desaparece y en su lugar aparece un enorme y hermoso diamante, mientras que las estatuas recobran la vida. El pueblo agradece su liberación.

El lector podrá identificar los símbolos del Ser en esta historia: el Gayomart como el Primer Hombre, el edificio redondo en forma de mandala, la piedra central y el diamante. Sin embargo, este diamante está rodeado de peligro. El loro demoníaco representa el espíritu maligno de la imitación, que lleva a la petrificación psicológica cuando uno no logra acertar en el blanco. Como se mencionó anteriormente, el proceso de individuación excluye cualquier imitación de otros, como el loro. A lo largo de la historia, las personas han intentado emular el comportamiento externo o ritual de sus grandes maestros religiosos, como Cristo o Buda, y como resultado se han "petrificado". Seguir los pasos de un gran líder espiritual no implica copiar y reproducir su proceso de individuación en nuestras propias vidas, sino vivir nuestras vidas con la misma sinceridad y devoción.

El barbero con el espejo, que desaparece, simboliza la pérdida del don de la reflexión que Hâtim experimenta cuando más lo necesita; las aguas crecientes representan el riesgo de ahogarse en el inconsciente y perderse en las propias emociones. Para comprender los símbolos del inconsciente, es crucial no salir de uno mismo o "estar al margen de uno mismo", sino permanecer emocionalmente conectado consigo mismo. Es vital que el ego continúe funcionando de manera normal. Solo al mantenerse como un ser humano común y corriente, consciente de su propia imperfección, se puede estar receptivo a los contenidos y procesos significativos del inconsciente. Sin embargo, ¿cómo puede uno soportar la tensión de sentirse parte del universo y, al mismo tiempo, reconocer su propia humanidad limitada? Mantener estos opuestos internos unidos dentro de uno mismo sin caer en extremos opuestos es una tarea difícil.

La dimensión social del proceso de individuación

El crecimiento exponencial de la población, especialmente en las grandes ciudades, puede generar una sensación de desapego y falta de significado en la vida de las personas. Sin embargo, al prestar atención a los mensajes del inconsciente a través de los sueños, podemos experimentar cómo cada detalle de nuestra vida está conectado con realidades más profundas y significativas.

A través de los sueños, la idea teórica de que todo depende del individuo se vuelve una verdad palpable. A veces, se puede sentir una fuerte impresión de que se demanda algo por parte de un poder superior, lo que puede dar la fuerza necesaria para desafiar las normas sociales y seguir la propia verdad, aunque no siempre sea una tarea fácil o agradable. Los sueños pueden contradecir los deseos conscientes, exigiendo realizar tareas que se alejan de los planes previstos. Esta tensión entre el ego y el inconsciente puede sentirse como una carga, pero también puede llevar a un mayor crecimiento personal.

La historia de San Cristóbal, el patrón de los viajeros, ilustra esta experiencia. Inicialmente, San Cristóbal se enorgullece de su fuerza física y decide servir solo a los más poderosos. Sin embargo, al descubrir el poder del Crucifijo, su visión cambia y encuentra una nueva misión en servir a Cristo. La carga del niño que lleva sobre sus hombros se vuelve cada vez más pesada, hasta que se da cuenta de que ha llevado al mismo Cristo. Esta historia recuerda que las acciones, guiadas por una conexión profunda con el ser interior, pueden llevar a un mayor sentido de propósito y redención.

El Niño Jesús, representado con la esfera del mundo en numerosas obras de arte, simboliza el Ser de una manera que puede ser desconcertante para el ser humano común, aunque es precisamente lo que puede redimirlo. Tanto un niño como una esfera son símbolos universales de la totalidad.

Cuando alguien intenta seguir las indicaciones del inconsciente, a menudo se encuentra en la encrucijada de no poder hacer lo que desea ni cumplir con las expectativas de los demás. Es frecuente que deba distanciarse de su grupo -ya sea familia, pareja u otros vínculos personales- para descubrir su verdadero yo. A veces se argumenta que prestar atención al inconsciente lleva a las personas a volverse antisociales y egocéntricas, pero esto no suele ser cierto debido a un factor poco comprendido: el aspecto colectivo, o incluso social, del Yo.

El logro de la madurez psicológica es un camino personal que se vuelve cada vez más desafiante en la actualidad, cuando la individualidad se ve amenazada por el conformismo generalizado. Una exhibición de atletismo suizo ilustra de manera vívida esta uniformidad.

Desde un punto de vista práctico, esta conexión se manifiesta en que las aspiraciones de un individuo suelen estar relacionadas con sus interacciones con otros. Los sueños pueden advertir sobre no confiar demasiado en alguien en particular, o pueden revelar un encuentro agradable con alguien que nunca se había considerado conscientemente. Cuando un sueño presenta la imagen de otra persona, existen dos posibles interpretaciones. En primer lugar, la figura puede ser una proyección, es decir, que representa un aspecto interno del soñador. Por ejemplo, soñar con un vecino deshonesto puede simbolizar la propia deshonestidad. La tarea de interpretar los sueños implica descubrir qué áreas de la vida del soñador están implicadas. Pero también hay momentos en que los sueños ofrecen información válida sobre otras personas, mostrando un papel del inconsciente que aún no se comprende por completo.

La vida onírica permite vislumbrar percepciones subconscientes y su impacto en las personas. Después de un sueño agradable sobre alguien, es probable que se preste más atención a esa persona, ya sea debido a proyecciones o a la información objetiva recibida. Descifrar la verdadera interpretación requiere honestidad, atención y reflexión. Sin embargo, al igual que con todos los procesos internos, al final es el Yo el que regula las relaciones humanas, siempre que se detecten y se manejen las proyecciones engañosas internamente. Así, las personas con mentalidades y orientaciones similares se encuentran y forman grupos que van más allá de las afiliaciones sociales convencionales.

Cualquier actividad que se limite exclusivamente al mundo exterior interfiere con las operaciones secretas del inconsciente. A través de estos vínculos inconscientes, se unen aquellos que están destinados a estar juntos. Por esta razón, los intentos de influir en la gente mediante publicidad y propaganda política son destructivos, incluso si se hacen con motivaciones idealistas.

Surge entonces la pregunta crucial de si se puede influir en la parte inconsciente de la psique humana. La experiencia y la observación indican que uno no puede influir directamente en sus propios sueños. Aunque hay quienes afirman poder hacerlo, al analizar el contenido de sus sueños se revela que simplemente están siguiendo lo que desean, al igual que con un perro obediente. Solo a través de un largo proceso de interpretación de los sueños y confrontación con su significado, el inconsciente puede transformarse gradualmente. Además, las actitudes conscientes también deben evolucionar en este proceso.

Si alguien intenta influir en la opinión pública utilizando símbolos, estos símbolos pueden impresionar a las masas si son auténticos, pero no se puede prever de antemano si el inconsciente de las masas se verá emocionalmente atraído por ellos. Este proceso sigue siendo completamente irracional. Por ejemplo, ningún productor musical puede predecir si una canción será un éxito o no, incluso si se basa en imágenes y melodías populares. Hasta ahora, ningún intento deliberado de influir en el inconsciente ha tenido resultados significativos, lo que sugiere que tanto el inconsciente individual como el colectivo conservan su autonomía.

En ocasiones, el inconsciente puede utilizar motivos del mundo exterior para expresar sus propósitos, lo que puede llevar a la confusión sobre si ha sido influenciado por estos motivos. Por ejemplo, muchos sueños modernos están relacionados con Berlín, donde la ciudad simboliza un punto de vulnerabilidad psíquica o peligro, y donde el Yo a menudo aparece en el sueño. Este lugar representa el conflicto interior del soñador y la posibilidad de reconciliar opuestos internos. Asimismo, se han observado numerosas reacciones oníricas a la película "Hiroshima Mon Amour", donde los sueños expresan la necesidad de unir los opuestos internos representados por los amantes de la película o advierten sobre la disociación total simbolizada por una explosión atómica.

Solo cuando los manipuladores de la opinión pública recurren a la presión comercial o actos de violencia, pueden lograr un éxito temporal, pero esto solo suprime las reacciones inconscientes genuinas, lo que eventualmente conduce a problemas psicológicos. Los intentos de reprimir estas reacciones inconscientes están condenados al fracaso a largo plazo, ya que van en contra de los instintos básicos.

El estudio del comportamiento social en animales superiores sugiere que los grupos pequeños son óptimos para el bienestar tanto individual como grupal. Parece que el hombre también prospera en formaciones sociales pequeñas, donde su bienestar físico, salud mental y eficacia cultural se desarrollan mejor. Según el entendimiento actual del proceso de individuación, el Yo tiende a crear estos grupos pequeños mientras establece conexiones emocionales entre individuos y sentimientos de parentesco con todos. Una dedicación incondicional al proceso de individuación promueve la mejor adaptación social posible.

Esto no significa que no haya conflictos de opinión o desacuerdos sobre el camino a seguir. Ante estos desafíos, es importante escuchar la voz interior para encontrar un punto de vista individual que refleje el propósito del Ser.

La actividad política fanática parece ser incompatible con el proceso de individuación. Un ejemplo ilustrativo es el sueño de un hombre dedicado a liberar su país de la ocupación extranjera, que refleja cómo las figuras del ánima positiva a menudo guían y apoyan a las personas en sus esfuerzos.

En el sueño, el hombre sube con algunos compatriotas por una escalera hacia el desván de un museo, donde encuentran una sala pintada de negro que recuerda a un camarote de barco. Los recibe una señora de aspecto distinguido, supuestamente hija de un famoso héroe nacional del país del soñador, aunque en realidad el héroe histórico no tuvo descendencia. En la sala, observan retratos de dos damas aristocráticas vestidas con trajes florales brocados. Mientras la señora les explica los cuadros, estos cobran vida: primero los ojos se animan y luego parecen respirar. La gente se sorprende y se dirige a una sala de conferencias donde la señora discute el fenómeno. Aunque ella atribuye la vida de los retratos a su intuición y sentimientos, algunos se indignan y la acusan de locura.

La figura del ánima, representada por la señora en el sueño, es una creación exclusiva del sueño. Sin embargo, su nombre está asociado con un héroe nacional, lo que sugiere que el inconsciente del soñador advierte que la liberación del país ya no debe buscarse en acciones exteriores, sino que ahora se logra a través del alma, dándole vida a las imágenes del inconsciente.

La sala del desván que recuerda a un camarote de barco pintado de negro tiene una gran importancia simbólica. El color negro evoca la oscuridad, la noche y la introspección, mientras que el camarote sugiere un refugio dentro del museo, que a su vez puede interpretarse como un barco. Esta analogía sugiere que en tiempos de caos y barbarie, el museo-barco lleno de imágenes vivas puede ser un arca salvadora que lleva a quienes lo abordan a una nueva orilla espiritual.

Los retratos en el museo suelen ser vestigios del pasado, pero en este sueño, cobran vida cuando el ánima los contempla con intuición y sentimiento. Los indignados representan la resistencia del soñador a aceptar que las imágenes psíquicas cobren vida, reflejando preocupaciones sobre posibles consecuencias negativas.

El sueño sugiere que en la era actual, la verdadera liberación comienza con una transformación psicológica, y que encontrar un sentido interior en la vida es esencial para la libertad individual. Los intentos de influir en la opinión pública a través de los medios de comunicación reflejan tanto las tendencias colectivas como los prejuicios y complejos inconscientes de quienes los manipulan. Sin embargo, los esfuerzos individuales de individuación pueden tener un impacto positivo en otros, incluso sin la intención de influir.

La mayoría de las tradiciones religiosas contienen imágenes que simbolizan el proceso de individuación, como Cristo en el cristianismo y figuras como Krishna y Buda en Oriente. Estas figuras representan la búsqueda interior de la realización espiritual y la liberación.

Para las personas que siguen una religión con convicción, la regulación psicológica de sus vidas se realiza a menudo a través de símbolos religiosos, y sus sueños también reflejan esta influencia. Por ejemplo, cuando el Papa Pío XII declaró la Asunción de María, una mujer católica soñó que era sacerdotisa, sugiriendo que su inconsciente estaba ampliando el dogma religioso al incorporar nuevas ideas sobre el papel de las mujeres en la Iglesia. Otro caso es el de una mujer católica que, aunque tenía dudas sobre ciertos aspectos de su fe, soñó con la demolición y reconstrucción de su iglesia local, mostrando una necesidad de renovación en su religión mientras mantenía intactos sus símbolos fundamentales, como la presencia divina y la figura de la Virgen María.

Estos sueños revelan el profundo interés del inconsciente en las representaciones religiosas conscientes de cada individuo. Esto plantea la pregunta de si existe una tendencia general en los sueños religiosos contemporáneos. Se ha observado que en la cultura cristiana moderna, ya sea protestante o católica, hay una tendencia inconsciente a completar la trinidad divina con un cuarto elemento, a menudo de naturaleza femenina, oscura o incluso maligna. Este cuarto elemento, asociado históricamente con la materia y el diablo, ahora parece querer reunirse con la imagen divina en un intento de equilibrar las polaridades de luz y oscuridad en la concepción de lo divino.

El simbolismo del mandala, según un abad tibetano, tiene dos aspectos importantes. Por un lado, sirve para restaurar un orden previamente existente en momentos de desequilibrio psicológico o cuando se necesita representar un pensamiento nuevo que aún no está contenido en la doctrina establecida. Por otro lado, también sirve al propósito creativo de expresar algo nuevo y único. Estos dos aspectos no se contradicen, ya que la restauración del orden antiguo a menudo implica la introducción de elementos nuevos y creativos, llevando al patrón a un nivel superior en un proceso evolutivo en espiral.

Una mujer sencilla y educada en un ambiente protestante pintó un mandala en forma de espiral en un cuadro. En un sueño, recibió el encargo de pintar la Divinidad y luego vio esta imagen en un libro. En el sueño, solo vio el manto ondeante de Dios, que formaba un hermoso juego de luces y sombras, contrastando con la estabilidad de la espiral en un cielo azul profundo. Fascinada por el manto y la espiral, no prestó atención a otra figura en las rocas. Al despertar y reflexionar sobre las figuras divinas, se dio cuenta de que era "Dios mismo", lo que la dejó profundamente conmocionada durante mucho tiempo.

En el arte cristiano, el Espíritu Santo suele representarse como una rueda ardiente o una paloma, pero aquí aparece como una espiral, una idea nueva que surge espontáneamente del inconsciente y que aún no está contenida en la doctrina establecida. Esta representación simbólica del Espíritu Santo como espiral es innovadora y sugiere un poder en el desarrollo del entendimiento religioso.

La misma mujer pintó otro cuadro inspirado en un sueño, que mostraba a la soñadora con su animus positivo de pie sobre Jerusalén mientras el ala de Satán descendía para oscurecer la ciudad. El ala satánica recordaba al manto de Dios que ondeaba en el primer cuadro, pero en este sueño, la espectadora se encontraba en lo alto, viendo una terrible hendidura entre las rocas. En el segundo cuadro, se ve lo mismo desde abajo, desde una perspectiva humana. Desde una perspectiva superior, lo que se mueve y se extiende es una parte de Dios, con la espiral elevándose como símbolo de un posible desarrollo futuro. Pero desde la base de la realidad humana, esa misma cosa en el aire es el ala oscura e inquietante del diablo.

Estas imágenes de los sueños tienen un significado que va más allá de lo personal y puede profetizar el descenso de una oscuridad divina sobre el hemisferio cristiano, apuntando hacia la posibilidad de una evolución futura. La evolución futura no conduce a una mayor altura espiritual ni al reino de la materia, sino a otra dimensión, posiblemente hacia el inconsciente.

Cuando surgen símbolos religiosos diferentes de los conocidos desde el inconsciente de un individuo, a menudo se teme que alteren o disminuyan los símbolos religiosos oficialmente reconocidos. Sin embargo, esta resistencia puede superarse cuando la conciencia y el inconsciente están en relativa armonía, permitiendo que los nuevos descubrimientos psicológicos se integren en la visión general sin temor a perder la fe.

El segundo tipo de personas son aquellas que han perdido por completo la fe y la han reemplazado con opiniones puramente conscientes y racionales. Para ellos, la psicología profunda simplemente significa explorar áreas recién descubiertas de la mente, y no deberían tener problemas al adentrarse en esta nueva aventura e investigar sus sueños para descubrir su verdadero significado.

Luego está un tercer grupo de personas que, en una parte de sí mismas (probablemente en la mente), ya no creen en sus tradiciones religiosas, mientras que en otra parte todavía conservan esa creencia. Un ejemplo de esto es el filósofo francés Voltaire. Él atacó vehementemente a la Iglesia católica con argumentos racionales, pero según algunos informes, en su lecho de muerte, suplicó la extrema unción. Sea cierto o no, su mente ya no era religiosa, aunque sus sentimientos y emociones parecían seguir siendo ortodoxos. Estas personas son como alguien atrapado en una puerta giratoria; no pueden salir al espacio libre ni volver al interior. A menudo les resulta difícil recurrir al inconsciente porque no comprenden sus propios pensamientos y deseos. Tomar en serio el inconsciente, en última instancia, requiere valentía e integridad personal.

La compleja situación de aquellos atrapados en una especie de limbo entre dos estados mentales se debe en parte al hecho de que todas las doctrinas religiosas oficiales pertenecen en realidad a la conciencia colectiva; pero en algún momento, surgieron del inconsciente. Este es un punto que muchos historiadores de la religión y teólogos cuestionan. Prefieren suponer que hubo alguna forma de "revelación". Se ha buscado durante muchos años pruebas concretas de la hipótesis sobre este problema, pero ha sido difícil encontrarlas porque la mayoría de los rituales son tan antiguos que no se puede rastrear su origen. Sin embargo, el siguiente ejemplo ofrece una pista importante:

Black Elk, un curandero de los sioux oglala, relata en su autobiografía que, cuando tenía nueve años, enfermó gravemente y, durante una especie de coma, tuvo una visión impactante. Vio cuatro grupos de hermosos caballos que llegaban desde las cuatro esquinas del mundo, y luego, sentados dentro de una nube, vio a los Seis Abuelos, los espíritus ancestrales de su tribu. Le entregaron seis símbolos curativos para su pueblo y le mostraron nuevas formas de vida. Pero cuando tenía 16 años, de repente desarrolló una terrible fobia cada vez que se acercaba una tormenta de truenos, porque escuchaba a "seres del trueno" que le pedían "que se diera prisa". Le recordaban el estruendo de los caballos que se aproximaban en su visión. Un anciano curandero le explicó que su miedo se debía a que guardaba la visión para sí mismo, y le dijo que debía compartirla con su tribu. Así lo hizo, y más tarde él y su gente representaron la visión en un ritual, utilizando caballos reales. No solo Black Elk, sino muchos otros miembros de su tribu se sintieron infinitamente mejor después de esta representación. Algunos incluso se curaron de sus enfermedades. Black Elk dijo: "Incluso los caballos parecían estar más sanos y felices después de la danza".

El ritual no se repitió porque la tribu fue destruida poco después. Sin embargo, este es un caso diferente en el que un ritual aún perdura. Varias tribus esquimales que habitan cerca del río Colville, en Alaska, explican el origen de su festival del águila de la siguiente manera:

Un joven cazador mató a un águila muy singular y quedó tan impresionado por la belleza del ave muerta que la disecó y la convirtió en un fetiche, honrándola con sacrificios. Un día, cuando el cazador había viajado lejos en su caza, dos hombres-animales aparecieron de repente como mensajeros y lo condujeron a la tierra de las águilas. Allí escuchó un oscuro sonido de tambores, y los mensajeros le explicaron que era el latido del corazón de la madre del águila muerta. Entonces, el espíritu del águila se le apareció al cazador en forma de mujer vestida de negro. Le pidió que iniciara un festival del águila entre su pueblo para honrar a su hijo muerto. Después de que el pueblo del águila le enseñara cómo hacerlo, se encontró de repente, agotado, de vuelta en el lugar donde había conocido a los mensajeros. Al regresar a casa, enseñó a su pueblo cómo celebrar el gran festival del águila, como lo han hecho fielmente desde entonces.

A partir de estos ejemplos, podemos observar cómo un ritual o una costumbre religiosa pueden surgir directamente de una revelación inconsciente experimentada por un individuo. A medida que estas prácticas se desarrollan y se transmiten dentro de grupos culturales, ejercen una gran influencia en la vida de toda la sociedad. Sin embargo, durante este proceso de evolución, el conocimiento original se va diluyendo. Muchas personas ya no tienen una comprensión personal de la experiencia original y solo pueden creer en ella a través de lo que les han contado sus mayores y maestros. Pierden la conexión con la realidad de estos eventos y desconocen cómo se siente vivir esa experiencia.

En su forma actual, estas tradiciones religiosas, muy elaboradas y envejecidas, a menudo resisten cambios creativos provenientes del inconsciente. Algunos teólogos incluso defienden estos símbolos religiosos y doctrinas como "verdaderos", oponiéndose al descubrimiento de una función religiosa en el inconsciente. Olvidan que los valores que defienden deben su existencia a esa misma función. Sin la participación de la psique humana en la recepción e interpretación de inspiraciones divinas, ningún símbolo religioso puede llegar a formar parte de nuestra realidad humana.

Si alguien argumenta que existe una realidad religiosa independiente de la psique humana, uno podría preguntar: "¿Quién lo afirma, sino una psique humana?". Por más que afirmemos, no podemos escapar a la existencia de la psique, ya que estamos contenidos en ella y es el único medio a través del cual podemos entender la realidad.

El descubrimiento moderno del inconsciente cierra definitivamente la ilusión de que el hombre puede conocer la realidad espiritual en sí misma. En la física moderna, el principio de indeterminación de Heisenberg también cierra la ilusión de comprender una realidad física absoluta. Sin embargo, el descubrimiento del inconsciente abre un vasto y nuevo campo de posibilidades, donde la investigación científica objetiva se combina de manera única con la aventura ética personal.

Sin embargo, es prácticamente imposible transmitir toda la realidad de la experiencia en este nuevo campo. Muchas experiencias son únicas y solo pueden comunicarse parcialmente a través del lenguaje. Aquí también se cierra la ilusión de entender completamente a otra persona y decirle qué es lo mejor para ella. Pero encontramos una compensación en el descubrimiento de la función social del Ser, que trabaja para unir a individuos separados que pertenecen juntos.

Este enfoque sustituye la charla intelectual por acontecimientos significativos que ocurren en la realidad de la psique. Entrar seriamente en el proceso de individuación implica una orientación completamente nueva hacia la vida. Para los científicos, significa un nuevo enfoque de los hechos externos. El impacto de esto en el conocimiento humano y en la vida social es incierto, pero el descubrimiento del proceso de individuación es un hecho que las generaciones futuras deberán considerar si desean evitar una perspectiva estancada o regresiva.

Epílogo

Este libro ha trazado un viaje a través de la compleja relación entre el ser y las capas más profundas de la psique, inspirado en las ideas de Carl Gustav Jung. Hemos navegado por el inconsciente, examinando el impacto de símbolos y arquetipos en nuestra identidad, relaciones y desarrollo personal.

Jung nos ofrece un mapa para entender la mente humana, presentando conceptos como la sombra, el ánima, el Sí-mismo y los arquetipos. Estas ideas nos permiten abordar los enigmas de nuestro interior y abrazar el proceso de individuación, que se alimenta de la exploración y asimilación de lo simbólico y arquetípico.

No obstante, la intención de este texto es ser un inicio, no un cierre. Las enseñanzas de Jung son catalizadores para la indagación y la reflexión, no verdades absolutas. La jornada hacia el autoconocimiento, la confrontación de nuestras sombras, y la armonización de los contrastes internos es una empresa individual.

Ante la creciente complejidad de nuestro entorno, entender nuestro interior se torna esencial. La psicología analítica de Jung nos equipa para esta exploración, animándonos a conectar con la sabiduría arraigada en nosotros y a descubrir un propósito más profundo. Sin embargo, frente a la inmensidad de nuestro inconsciente y el espejo de nuestros arquetipos más profundos, ¿tenemos la valentía de mirar más allá de nuestras sombras, aceptar la totalidad de nuestro ser y enfrentar la cruda verdad de lo que realmente significa ser humano?

Arcana y Sombra

FIN

tent.com/pod-product-compliance
e LLC
'A
80426
010B/1760